JOURNAL · OF
M · O · R · A · L
THEOLOGY

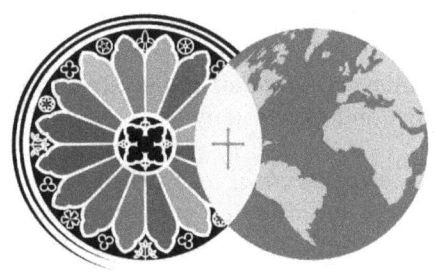

CATHOLIC THEOLOGICAL ETHICS
IN THE WORLD CHURCH

Covid-19 y Ética Teológica en
América Latina
Special Issue - CTEWC

EDITED BY
*ALEXANDRE A. MARTINS
AND MT DÁVILA*

JOURNAL · OF MORAL THEOLOGY

Journal of Moral Theology is published semiannually, with regular issues in January and June. Our mission is to publish scholarly articles in the field of Catholic moral theology, as well as theological treat-ments of related topics in philosophy, economics, political philosophy, and psychology.

Articles published in the *Journal of Moral Theology* undergo at least two double blind peer reviews. To submit an article for the journal, please visit the "For Authors" page on our website at jmt.scholasticahq.com/for-authors.

Journal of Moral Theology is available full text in the *ATLA Religion Database with ATLASerials®* (RDB®), a product of the American Theological Library Association.
Email: atla@atla.com, www: http://www.atla.com.
ISSN 2166-2851 (print)
ISSN 2166-2118 (online)

Journal of Moral Theology is published by Mount St. Mary's University, 16300 Old Emmitsburg Road, Emmitsburg, MD 21727.

Copyright© 2021 individual authors and Mount St. Mary's University. All rights reserved.

Pickwick Publications, An Imprint of Wipf and Stock Publishers, 199 W. 8th Ave., Suite 3, Eugene, OR 97401.
www.wipfandstock.com. ISBN 13: 978-1-6667-3158-3

JOURNAL OF MORAL THEOLOGY

EDITOR EMERITUS AND UNIVERSITY LIAISON David M. McCarthy, *Mount St. Mary's University*

EDITOR
Jason King, *Saint Vincent College*

SENIOR EDITOR
William J. Collinge, *Mount St. Mary's University*

ASSOCIATE EDITOR
M. Therese Lysaught, *Loyola University Chicago*

MANAGING EDITOR
Kathy Criasia, *Mount St. Mary's University*

BOOK REVIEW EDITORS
Kent Lasnoski, *Wyoming Catholic College*
Mari Rapela Heidt, *Notre Dame of Maryland University*

EDITORIAL BOARD
Christine Astorga, *University of Portland*
Jana M. Bennett, *University of Dayton*
Mara Brecht, *Loyola University Chicago*
Jim Caccamo, *St. Joseph's University*
Carolyn A. Chan, *King's University College at Western University, Ontario, Canada*
Meghan Clark, *St. John's University*
David Cloutier, *The Catholic University of*
Christopher Denny, *St. John's University*
Mary M. Doyle Roche, *College of the Holy Cross*
Joseph Flipper, *Bellarmine College*
Nichole M. Flores, *University of Virginia*
Matthew J. Gaudet, *Santa Clara University*
Kelly Johnson, *University of Dayton*
Andrew Kim, *Marquette University*
Warren Kinghorn, *Duke University*
Ramon Luzarraga, *St. Martins University, Lacey, Washington*
Alexandre Martins, CM, *Marquette University*
William C. Mattison III, *University of Notre Dame*
Christopher McMahon, *Saint Vincent College*
Cory D. Mitchell, *Mercy Health Muskegon*
Suzanne Mulligan, *Liaison with Catholic Theological Ethics in the World Church Pontifical University, Maynooth, Co. Kildare, Ireland*
Matthew Shadle, *Marymount University*
Joel Shuman, *Kings College*
Christopher P. Vogt, *St. John's University*
Paul Wadell, *St. Norbert College*

JOURNAL OF MORAL THEOLOGY
LATIN AMERICAN CTEWC
SPECIAL ISSUE SPRING 2021

CONTENTS

Introdución/Introduction
    Alexandre A. Martins and M.T. Dávila. 1

Desafíos Éticos de una Crisis Mundial: Una Crisis Latente, su
    Manifestación (Covid-19) y Consideraciones a Partir de la Ética
    Social Católica
Ethical Challenges of a World Crisis: Latent Crisis, Its Manifestation
    (COVID-19) and Questioning from Catholic Social Ethics
    Alexandre A. Martins 5

Los Muertos No Son Números: Gestión Política de la Muerte en
    Tiempos de Pandemia
The Dead Are Not Numbers: Political Management of Death during
    the Pandemic
    Elio Gasda 22

Vacunas para Covid-19: El Valor de la Vida Humana frente a los
    Intereses Económicos
Vaccines for Covid-19: The Value of Human Life versus Economic
    Interests
    Verónica Anguita Mackay 33

Crisis Psicosanitaria y Violencia: Retos Éticos del Género y la Raza
Public and Mental Health Crisis and Violence: Ethical Challenges of
    Gender and Race
    Maria Cristina (Tirsa) Ventura Campusano 40

Ante la Pandemia: Pensar los Desequilibrios Ambientales como
    Reacción Ética ante la Acción Humana
In the Face of the Pandemic: Environmental Imbalances as an Ethi-
    cal Reaction to Human Action
    Alejandro Casillo Morga 52

COVID-19 y el Medio-Ambiente: La Casa Común y la Injusticia
    contra los Pobres
COVID-19 and the Environment: The Common Home and Injustice
    against the Poor
    Anibal Germán Torres 67

La Fe, la Iglesia, y el Compromiso Ético en el Contexto de la
    Pandemia

Faith, Church and Ethical Commitment in the Pandemic's Context
Olga Consuelo Vélez 79

La Acción de la Iglesia en la Pandemia: Frente a un Negacionismo
    de la Ciencia y la Muerte de los Vulnerables
The Activity of the Church in Light of the Pandemic: Facing a Denialism of Science and the Death of the Vulnerable
María Theresa (MT) Dávila 90

La Colaboración y la Promoción del Bien Común como Estilo de
    Vinculación de los Eticistas Teológicos en América Latina
Collaboration and Promotion of the Common Good as a Linking
    Style of Theological Ethicists in Latin America
Andrea Vicini, SJ 100

Introducción al Volumen Especial en Español de JMT

Alexandre A. Martins y MT Dávila

L A PANDEMIA DEL COVID-19 HA CREADO innumerables retos para todo el mundo. Al momento que finalizamos esta publicación, mayo de 2021, la Organización Mundial de la Salud (OMS) informa más de tres millones de muertes por esta enfermedad. Más de un millón de estas muertes ocurrieron en las Américas. Más allá de las muertes ocasionadas por el Covid-19, la pandemia también ha creado problemas y retos en casi todas las dimensiones de la vida humana y sus estructuras sociales, desde desempleo hasta la expansión de las crisis de enfermedad mental. Como siempre en un mundo injusto, todos estos retos y problemas impactan desproporcionadamente, además de traerle la muerte a las comunidades marginadas y oprimidas existentes, como lo son los empobrecidos y las minorías étnicas.

Un grupo de eticistas teológicos del Comité Regional de América Latina y el Caribe de la red Catholic Theological Ethics in the World Church (CTEWC) se reunió rápidamente al comenzar el brote de coronavirus para expresar solidaridad los unos a otros y reflexionar sobre los retos que este brote crea para sus países y regiones enteras. Decidimos expandir este gesto de solidaridad y de compartir información con toda la región para así crear una oportunidad de reflexión, aprendizaje, compasión, y la creación de recursos para ayudar a sus comunidades desafiada por la pandemia del Covid-19. Como resultado, se llevó a cabo un coloquio el 5 de septiembre del 2020 bajo el tema Covid-19 y los Desafíos Éticos en la Región: Construyendo Puentes entre la Ética Teológica, la Iglesia, y la Sociedad.

Un total de 110 teólogos asistieron al Coloquio, representando quince países Latinoamericanos y del Caribe (Argentina, Bolivia, Brasil, Chile, Colombia, Costa Rica, El Salvador, Ecuador, Guatemala, México, Nicaragua, Peru, Puerto Rico, Republica Dominicana, Uruguay). También asistieron miembros de CTEWC de otros nueve países (Bélgica, Alemania, India, Kenya, Francia, Italia, Filipinas, Portugal, y los Estados Unidos).

Este Coloquio fue un momento de encuentro y solidaridad entre los eticistas teológicos, en el cual todos pudimos aprender de cada uno, expresar nuestra solidaridad y amor como comunidad global formada por miembros de la red que se preocupa por cada uno y por los desafíos que nos acechan, y a las comunidades que representamos.

Este volumen del *JMT* destaca ensayos seleccionados del Coloquio. Los autores examinan los desafíos éticos que la pandemia del Covid-19 ha creado en la región, considerando tres áreas claves de interacción y relación entre cada una: ética teológica, la iglesia, y la sociedad. La diversidad de países y de perspectivas representadas en los ensayos reflejan la diversidad del Coloquio y el dinamismo de la región de América Latin y el Caribe de la red de CTEWC.

Concluímos agradeciendo a todos y todas los y las participantes del Coloquio, y en particular a los y las autores de los ensayos, quienes recibieron reacciones de sus colegas durante el Coloquio y durante el proceso editorial para este volumen. Agradecemos también a los líderes regionales y globales de la red CTEWC por todo su apoyo. Estamos muy agradecidos a Jason King y M. Therese Lysaught, de la junta editorial del *JMT*, por su apoyo y estímulo para la publicación de esta edición especial en español de una revista publicada mayormente en inglés. Estamos convencidos de que esta es la primera vez que ocurre esta clase de interacción lingüística en una de las publicaciones Católicas prominentes en los EEUU. Este volumen ofrece una gran contribución a la región de América Latina y el Caribe, y a todos los que leen en español o tienen el español como primer idioma en los EEUU.

Dedicamos este volumen a todas las víctimas del Covid-19 en las Américas.

Introduction to the Special Volume in Spanish of JMT

Alexandre A. Martins and MT Dávila

THE COVID-19 PANDEMIC HAS CREATED innumerable challenges for the world. At the time of this publication, May 2021, we have more than three million deaths reported by the World Health Organization (WHO) because of this disease. More than a million of these deaths occurred in the Americas. Beyond direct deaths caused by COVID-19, the COVID-19 pandemic has also created many problems and challenges in almost all dimensions of human existence and its organization in societies, ranging from unemployment to expanding mental health crises. And, as always in an unjust world, all of these challenges and issues have disproportionately impacted and killed the already marginalized and oppressed communities, such as the poor and ethnic minorities.

A group of theological ethicists from the Latin American and Caribbean Regional Committee of Catholic Theological Ethics in the World Church (CTEWC) quickly gathered after the beginning of the coronavirus outbreak to express solidarity to one another and reflect on the challenges that this outbreak was creating for their countries and the region as a whole. They decided to expand this gesture of solidarity and shared information to the entire region in order to create an opportunity of reflection, learning, compassion, and the creation of resources to help their communities challenged by the COVID-19 pandemic. As a result, a regional colloquium under the topic *COVID-19 and the Ethical Challenges in the Region: Building Bridges between Theological Ethics, Church, and Society,* occurred virtually on September 05, 2020.

A total of 110 theologians attended the Colloquium, representing fifteen Latin American and Caribbean Countries (Argentina, Bolivia, Brazil, Chile, Colombia, Costa Rica, El Salvador, Ecuador, Guatemala, México, Nicaragua, Peru, Puerto Rico, Republica Dominicana, Uruguay), and CTEWC members from nine other countries (Belgium, Germany, India, Kenya, France, Italy, Philippines, Portugal, and the USA).

This Colloquium was a moment of encounter and solidarity among theological ethicists, in which all could learn from each other, and express solidarity and love as a global community shaped by members who care for each other and for the challenges that all are facing, and those of the communities we represent.

The current issue of *JMT* features selected essays from this Colloquium. The authors examine ethical challenges that the COVID-19 pandemic has created in the region, considering three key areas of interlocution and relationship among themselves: theological ethics, church, and society. The diversity of countries and particular views represented in the essays reflect the diversity of the Colloquium and the dynamism of the Latin American and Caribbean region of CTEWC.

We conclude by thanking all those who participated in the Colloquium, particularly the authors of the essays, who received feedback from peers during the Colloquium and in the editorial process of this volume. We also thank all CTEWC regional and global leaders for their support. We are grateful to Jason King and M. Therese Lysaught, of the *JMT* editorial board, for their support and encouragement for the publication of this special Spanish edition in a journal that is primarily published only in English language. We believe this is the first such language crossover for a major Catholic publication in the U.S. This volume offers a great contribution to the Latin American and Caribbean region and for all those who read Spanish and/or have Spanish as a primary language in the USA.

We offer this volume for all the victims of COVID-19 in the Americas.

Desafíos Éticos de una Crisis Mundial: Una Crisis Latente, su Manifestación (Covid-19) y Consideraciones a partir de la Ética Social Católica[1]

Alexandre A. Martins

L A PANDEMIA DE CORONAVIRUS Y LA ENFERMEDAD provocada por este virus, Covid-19, afecta al mundo entero y a sus habitantes. No hay un solo individuo que no se vea afectado por esta pandemia, un impacto que va desde quedarse en casa o tener que usar mascarilla, pasando por las consecuencias económicas, hasta el drama de la necesidad de hospitalización, o incluso la muerte de alguien cercano. El 22 de diciembre, en el momento de redactar este texto, la Organización Mundial de la Salud registró 76.250.431 casos confirmados y 1.699.230 muertes por Covid-19, siendo Estados Unidos (17.712.260; 315.318), Brasil (7.238.600; 186.764) e India (10.075,16; 146.111) los líderes en infecciones y muertes.[2] Las vacunas traen una esperanza. Se están desarrollando más de 200 vacunas en todo el mundo. Dos de ellas, desarrolladas en EE.UU. por las empresas Pfizer-BioNTech y Moderna, ya han sido aprobadas por agencias de vigilancia sanitaria del Reino Unido, EE.UU. y la Unión Europea, y ya se ha producido la vacunación en grupos prioritarios. Otras vacunas, como las desarrolladas por la asociación Oxford/AstraZeneca y por la empresa china Sinovac Biotech[3] también se han presentado a las agencias de salud para verificar su seguridad y eficacia, para iniciar la inmunización en más países, especialmente en aquellos de ingresos bajos y medios, como Brasil y otras naciones de América Latina.

---

[1] Traducción del original en portugués al español por Anibal German Torres.
[2] World Health Organization, "Coronavirus Disease (COVID-19) Dashboard," Acceso 22 de diciembre 2020, covid19.who.int/.
[3] Esta vacuna se está desarrollando en asociación con el Instituto Butantã de São Paulo. Existe otra vacuna china, desarrollada por la empresa estatal Sinopham, que ya se está utilizando en China, Emiratos Árabes Unidos, Bahrien y Marruecos. Cf. Guilherme Castellar, "Três países aplicam outra vacina chinesa contra a covid-19," *Jornal Uol*, Rio de Janeiro, 23 de diciembre 2020, noticias.uol.com.br/saude/ultimas-noticias/redacao/2020/12/23/outra-vacina-chinesa-contra-coronavirus.htm.

El número de muertes presentado anteriormente es aterrador y no hay nadie que no se sorprenda por ello. El año 2020 pasará a la historia como uno de los más difíciles para la humanidad y la organización de las sociedades. Los desafíos creados por la pandemia de Covid-19 han afectado la vida de todos. Pero su impacto no se siente de la misma manera por todas las personas. Algunos países han podido mitigar mejor el avance del coronavirus y cuidar a los enfermos de Covid-19 mejor que otros. Dentro de cada país, grupos ya marginados por injusticias socioeconómicas sufrieron más que otros, siendo desproporcionadamente más infectados, hospitalizados y fallecidos como resultado del Covid-19, además de padecer de una mayor vulnerabilidad al impacto económico, con el consecuente desempleo. En países como Brasil y EE.UU., líderes en muertes, la pandemia evidenció las desigualdades socioeconómicas y del acceso a la salud, mostrando que las poblaciones ya marginadas –como los negros, los inmigrantes y los pobres– son las más infectadas, las que más lidian con complicaciones que requieren cuidados intensivos de salud y las que más mueren. El coronavirus no elige a sus víctimas, pero la injusticia social muestra dónde está la mayoría de ellas, abandonadas a su suerte.

Las vacunas traen una esperanza. Si, por un lado, vivimos uno de los momentos más difíciles de la historia, por otro lado, el 2020 quedará como un año fabuloso para la ciencia, a pesar de la contradicción de un creciente movimiento de negacionismo científico.[4] Desde los primeros casos de infecciones por coronavirus – en Wuhan, China, a fines de 2019 – hasta el desarrollo de una vacuna eficaz para inmunizar contra el Covid-19, y la primera persona en ser vacunada, ha pasado menos de un año. Un logro científico maravilloso, en un tiempo récord nunca visto en la historia.[5]

Las cifras aterradoras en un mundo detenido por un microorganismo, y la luz al final del túnel por las vacunas desarrolladas en tiempo récord en una conquista científica increíble, pueden esconder una crisis latente que el mundo globalizado vive desde hace años, pero que pocos quieren ver. El susto por los miles de muertos por Covid-19 y los costos económicos de las acciones para mitigar la propagación del coronavirus obligan a las sociedades a cuestionarse si la crisis sanitaria no es sólo un síntoma, aunque

---

[4] Sandra Caponi, "Covid-19 no Brasil: entre o negacionismo e a razão neoliberal," *Estudos Avançados* 34, no. 99 (2020): 209–224, doi.org/10.1590/s0103-4014.2020.3499.013.

[5] Aunque el Covid-19 marcó increíblemente a la ciencia en el año 2020, con el desarrollo de vacunas en un tiempo récord, las lecciones para el futuro de la ciencia deben aprenderse para las próximas generaciones de científicos. Esto es lo que defiende el editorial de una de las revistas científicas más prestigiosas del campo de la salud. The Lancet Editorial, "Science During COVID-19: Where Do We Go from Here?" *The Lancet* 396, no. 10267 (2020): 1941, doi.org/10.1016/S0140-6736(20)32709-4.

devastador, de una crisis más profunda, que tiene sus raíces en el modelo construido para sustentar la existencia humana en sociedades organizadas sobre estructuras frágiles. Este artículo se suma al cuestionamiento para entender los desafíos éticos de una crisis global en nuestro modelo de organización socioeconómica y en nuestra relación con el otro, siendo este otro todo lo que no soy yo: otras personas, otras culturas, otras especies y la otra en la que vivimos, la Tierra.

La tesis que aquí se presenta es que la crisis sanitaria global creada por el Covid-19, y sus ramificaciones en el plano socioeconómico y psicológico,[6] es una manifestación de la crisis latente que la humanidad ha venido ignorando, de manera coyuntural, para mantener el sistema económico actual con su base individualista de explotación del otro.[7] De esta forma, para comprender la crisis mundial en la que vivimos, cuya manifestación actual (Covid-19) afecta a todos, es necesario ir más allá de los síntomas, si deseamos abrirnos a un nuevo horizonte pos-crisis sanitaria para afrontar esta profunda crisis latente. La pandemia es una *out-crise* de una *in-crise* que no puede continuar siendo ignorada. Este texto mostrará estas dos facetas de la crisis mundial, desde una perspectiva ética y en diálogo con la enseñanza social católica reciente, que ofrece recursos para comprender y afrontar la *out-crise* y la *in-crise*. Un movimiento continuo que transforma la pandemia en una oportunidad para lanzarnos a una reconstrucción de la relación con el otro.

LA PANDEMIA Y LOS DESAFÍOS ÉTICOS DE LA *OUT-CRISE*

Out-crise e *in-crise* son términos acuñados para expresar la crisis que está claramente expuesta por la pandemia de Covid-19 y la crisis que no es tan visible, pero que está ahí y también impacta al mundo de forma global, generando un sistema socioeconómico en el que muy pocos son los ganadores y muchos son los perdedores. Sin embargo, si nada cambia, todos perderán, porque la victoria económica de unos no será suficiente para contener el desastre global de la destrucción del otro.

Comencemos por la *out-crise* expuesta a los ojos de todos. En el campo de la salud pública, un virus nunca se ha propagado tan rápidamente a todos los rincones del mundo, provocando un colapso

---

[6] Aquí me refiero al tema de los problemas de salud mental relacionados con la pandemia y las medidas para combatirla con el distanciamiento social, sobre esto ver: Betty Pfefferbaum, "Mental Health and the Covid-19 Pandemic," *The New England Journal of Medicine* 386, no. 6 (2020): 510–512, doi.org/10.1056/NEJMp2008017.

[7] En este texto, siempre que me refiero al otro sin especificar claramente quién es el otro, me estoy refiriendo a la categoría "otro" que engloba a todos aquellos que no son "yo": otras personas, otras culturas, otras especies y la otra en la que vivimos, la tierra.

en la mayoría de los sistemas de salud. El mundo, con todo el desarrollo tecnológico y médico de las últimas décadas, no estaba preparado para responder a los desafíos de una crisis sanitaria mundial. Los profesionales de la salud –médicos, trabajadores de la salud y directores de hospitales públicos y privados– no estaban preparados para esta crisis ni estaban preparados para afrontarla. En algunos países, como Brasil, el coronavirus llegó mucho después de los dramas que ya ocurrieron en China, en Italia y en Estados Unidos, y se tuvo la oportunidad de seguir a distancia lo sucedido, darse cuenta de que el virus no respetaba fronteras y prepararse para su llegada con vistas a una respuesta adecuada, rápida y eficiente. Sin embargo, la mayoría optó por una respuesta reactiva en lugar de ser proactiva.

Brasil, con la estructura de su sistema público de salud (SUS - Sistema Único de Saúde), aun con los ataques de los últimos años para su desmantelamiento a través de políticas a favor del sistema privado de salud,[8] tendría la capacidad de prepararse para una respuesta eficiente en el combate al Covid-19. No evitaría que la pandemia llegara al país, pero ciertamente habría minimizado sus efectos y evitado miles de muertes. Sin embargo, la opción de las autoridades federales fue, primeramente, negar la peligrosidad del virus y, posteriormente, minimizar sus efectos letales y devastadores para el país. Mientras tanto, el coronavirus se ha extendido a todos los municipios de su territorio, llegando a regiones muy remotas, como los pueblos indígenas de difícil acceso en el alto del Río Amazonas, asfixiando el sistema de salud y destruyendo vidas, con un impacto devastador para miles de familias. Cada persona que murió no es un número, sino un ser individual, con identidad e historia. Si lo que impacta a la sociedad en su conjunto son las altísimas cifras de infectados y muertos, lo que realmente debería impactar es la muerte individualizada, muchas de las cuales podrían evitarse, pero que ha quedado olvidada entre las cifras. Para quien pierde a alguien, nunca será un número, sino una dignidad personal destruida.

La pandemia de Covid-19 nos permite ver al otro que sufre, porque de una forma u otra, somos parte suya. Pero la *in-crise* nos lleva a luchar por el "yo", creando una situación de "sálvese quien pueda" que fácilmente, dice el Papa Francisco, puede convertirse en una "batalla de todos contra todos." (*Fratelli tutti*, no. 36)

Trabajaremos esa *in-crise* en la próxima parte. Ahora presentamos un mapeo de la *out-crise*, visible en las cuestiones y los dilemas bioéticos creados por la pandemia.

---

[8] Lígia Bahia, "Trinta Anos de Sistema Único de Saúde (SUS): Uma Transição Necessária, Mas Insuficiente," *Cadernos de Saúde Pública* 34, no. 7 (2018): 1–16, dx.doi.org/10.1590/0102-311X00067218.

La bioética, como ética aplicada a las ciencias de la vida,[9] nos permite mirar hacia la *out-crise* creada por la pandemia sin reducirla a cuestiones meramente clínicas, como el dilema entre la alta demanda de pacientes que necesitan una cama de UTI y la escasez de estas camas. Un grupo de bioeticistas estadounidenses de la *Association of Bioethics Program Directors* (ABPD),[10] de manera muy didáctica y objetiva, nos ayuda a comprender los principales dilemas y desafíos bioéticos creados, revelados y exacerbados por la pandemia, sugiriendo así que los desafíos no son simplemente los que ha creado la pandemia – como una demanda muy alta de pacientes con Covid-19 que necesitan respiradores mecánicos o la imposición de leyes que obligan a las personas a quedarse en casa para reducir el contagio, restringiendo el poder de decisión individual –, también el abismo de estructuras de injusticia social y desigualdad en salud que hacen de los grupos ya marginados los más afectados por la pandemia: con más infecciones, hospitalizaciones y muertes,[11] además de pérdidas económicas, como el desempleo.[12]

---

[9] La enciclopedia de bioética define esta área del conocimiento como "el estudio sistemático de la conducta humana en el área de las ciencias de la vida y el cuidado de la salud, en la medida que esta conducta es analizada a la luz de los valores y principios morales." Bruce Jennings, "Introduction," in *Bioethics*, ed. by Bruce Jennings, 4th ed., vol. 1, (Farmington Hills, MI: Macmillan Reference USA, 2014), xv–xxii.

[10] Amy L. McGuire at al. "Ethical Challenges Arising in the Covid-19 Pandemic: An Overview from the Association of Bioethics Program Directors (ABPD) Task Force," *The American Journal of Bioethics* 20, no. 7 (2020): 15–27, doi.org/10.1080/15265161.2020.1764138.

[11] De acuerdo con la agencia de salud pública estadounidense CDC (Centers for Disease Control and Prevention), en los Estados Unidos, las poblaciones negras y latinas son más contagiadas (1,4 y 1.7 más), hospitalizadas (3,7 y 4.1) y muertas (2,8 y 2,8) que la población blanca. Centers for Disease Control and Prevention, "COVID-19 Hospitalization and Death by Race/Ethnicity," 30 de noviembre, 2020, www.cdc.gov/coronavirus/2019-ncov/covid-data/investigations-discovery/hospitalization-death-by-race-ethnicity.html.

[12] En Brasil, los trabajadores informales, que ya sufren de bajos ingresos, son los que perdieron más ingresos y empleos durante la pandemia. Además, estos trabajadores – como los trabajadores de las aplicaciones móviles y los residentes de barrios empobrecidos con una alta densidad demográfica– se encuentran entre los grupos con mayor riesgo de infección, necesidad de hospitalización y mayores tasas de mortalidad, siendo dos de las causas la imposibilidad en seguir las reglas de distanciamiento social y la falta de opción para trabajar desde casa. Según el IBGE –Instituto Brasileiro de Geografia e Estatística–, en noviembre de 2020, el desempleo alcanzó el 14,2%, el más alto registrado en la historia del país, siendo mayor el desempleo entre las mujeres (17,2%) y los negros y pardos (16,5%). El IBGE también muestra que el trabajo informal –aquel que no tiene protección social o laboral, lo que hace que muchos trabajadores sean altamente vulnerables a la infección por coronavirus– batió récords, alcanzando el 34,5% entre los ocupados en Brasil. Darlan Alvarenga, "Desemprego diante da pandemia atinge 14,2% em novembro e bate novo recorde," *Jornal G1*, 23 de diciembre 2020, g1.globo.com/economia/noticia/2020/12/23/desemprego-diante-da-pandemia-atinge-142percent-em-novembro-e-bate-novo-recorde.ghtml.

La ABPD reconoce que una pandemia tiene lugar dentro de un contexto con características y desafíos históricos y políticos únicos en un momento dado. Por lo tanto, la pandemia de Covid-19, con los desafíos bioéticos de los sistemas de salud sobrecargados en todo el mundo, no está eximida del momento histórico y político en que vivimos.[13] Esto provoca que los dilemas en las salas de emergencia y consultorios de los hospitales se entrelacen en el momento presente y en la construcción histórica que condujo a la realidad en la que vivimos hoy, lo que llamamos *in-crise*.

El equipo de trabajo de la ABPD presenta dos grupos de cuestiones bioéticas: las relacionadas con los sistemas de salud y las cuestiones sociales. Según ellos, la necesidad de asignar recursos en un contexto de escasez implica "desafíos éticos para los sistemas de salud y la sociedad, incluyendo cómo definir los beneficios, cómo manejar el consentimiento informado, las necesidades particulares de los pacientes pediátricos, cómo involucrar a las comunidades en estas decisiones difíciles y cómo mitigar la discriminación y los efectos de las desigualdades estructurales."[14]

Claramente, los bioeticistas de la ABPD enumeran siete desafíos éticos en el grupo relacionado con los sistemas de salud. Estos desafíos son de carácter ético clínico, involucrando decisiones relacionadas con la asistencia, los pacientes y el mantenimiento de los propios profesionales de la salud. Estos siete desafíos son: (1) uso adecuado de un sistema de pronóstico capaz de generar mayor beneficio a los pacientes, ser justos en los criterios para elegir entre ellos y evitar la discriminación por la elección de criterios que excluyen a los pacientes de los grupos socialmente marginados; (2) estándares para la atención pediátrica: aunque el Covid-19 no tiene el mismo impacto en los niños que en los adultos, el tema de la atención médica para los niños debe tener en cuenta sus necesidades de desarrollo natural; (3) protección y prioridad para los trabajadores de la salud, ya que ellos multiplican el beneficio de salud pública al atender a los enfermos, de altísima demanda, en período pandémico; (4) protocolos para la atención de pacientes no críticos y no relacionados con Covid-19: la pandemia no elimina la necesidad de atención a pacientes con otras enfermedades; si bien debe tratarse como una prioridad, existe el desafío de encontrar un equilibrio adecuado; (5) consentimiento libre e informado: el contexto de urgencia y escasez de una pandemia plantea grandes desafíos, exige respeto a la autonomía y genera un conflicto, porque muchas veces los pacientes y familiares no están de acuerdo con las decisiones relacionadas con la selección y la asignación de recursos; (6) el agotamiento moral de los profesionales de la salud refleja su vulnerabilidad mental en un contexto como este, donde hay mucha

---

[13] McGuire et al. "Ethical Challenges Arising in the Covid-19 Pandemic," 15.
[14] McGuire et al. "Ethical Challenges Arising in the Covid-19 Pandemic," 16.

presión proveniente de la práctica médica, las decisiones difíciles que se deben tomar, los sistemas de salud y sus administradores; (7) la vulnerabilidad económica de los sistemas de salud: la ABPD se refiere al sistema estadounidense, que no ofrece un sistema de salud pública universal, estando compuesto por un conjunto de empresas privadas que operan dentro de un mercado de salud libre y que, en esta pandemia, necesitan servir a todos, incluso sin una compensación económica satisfactoria; pero esta preocupación también se aplica a los sistemas públicos universales financiados por el Estado, ya que la alta demanda de pacientes genera una vulnerabilidad en el uso de los recursos económicos necesarios para el funcionamiento del sistema.[15] No vamos a discutir todos los conflictos particulares dentro de cada uno de estos desafíos, sino apenas mostrar que en su conjunto exponen la complejidad de los desafíos éticos de la crisis que enfrentan los sistemas de salud en esta pandemia. Sin embargo, los desafíos no se detienen ahí, ya que todas estas cuestiones de bioética clínica suceden en un momento histórico y político, con sus desafíos sociales que se entrelazan en dilemas clínicos, haciendo aún más compleja la situación.

Según la ABDP, el segundo grupo de desafíos bioéticos es de naturaleza social. Los bioeticistas de este equipo de trabajo destacan cuatro desafíos sociales: (1) la participación de la comunidad en los procesos de toma de decisiones y respuestas a la pandemia, necesaria para generar acciones más eficientes y generar confianza entre los profesionales de la salud, los administradores y la población en general. Sin embargo, esto es algo muy difícil de poner en práctica, cuando nunca existió una estructura anterior, como es el caso de EE.UU. Brasil sí tiene esta estructura participativa y de acción como parte de la atención primaria del SUS, como los Consejos de Salud, las Unidades Básicas de Salud y los Programas de Salud de la Familia. Sin embargo, los ataques contra el SUS en los últimos años, para favorecer al sector privado de la salud, han debilitado esta estructura tan necesaria, especialmente ahora con la llegada de las vacunas y la desconfianza de gran parte de la población. (2) La capacidad de atención de la salud en comunidades rurales y más lejanas, donde el virus llegó y encontró una población más vulnerable con menos recursos de salud. (3) Consideraciones legales entre lo que pueden establecer, e incluso hacer cumplir, los Estados y el derecho individual de las personas. A la ABDP le preocupan las consecuencias legales dentro del sistema federal estadounidense y el conflicto entre la Unión y los estados. A pesar de que Brasil tiene un sistema de salud unificado, el actual gobierno federal ha forzado un proyecto de federalismo con "efectos negativos significativos en la lucha contra el

---

[15] McGuire et al. "Ethical Challenges Arising in the Covid-19 Pandemic," 16–21.

Covid-19."[16] (4) Finalmente, la discriminación y la necesidad de equidad en la salud.

Como se mencionó anteriormente, las injusticias socioeconómicas y el racismo estructural, que afectan de manera muy clara a sociedades como Brasil y Estados Unidos, crean un gran desafío ético para responder a la pandemia de Covid-19, que ha infectado y matado a muchas más personas negras y pobres[17] – que ya sufrían estructuras de opresión social y que ahora se han convertido en determinantes de su sufrimiento desproporcionado durante la pandemia.[18]

La estructura de opresión social que hace que las poblaciones marginadas –como los negros, los inmigrantes y los pobres– sufran de manera desproporcionada por la pandemia de Covid-19, es un reflejo *in-crise* y revela su clara relación con la *out-crise*. Como *out-crise*, la crisis sanitaria de Covid-19 es una manifestación de la *in-crise* que se ha estado cocinando en la olla a presión del capitalismo neoliberal globalizado durante años, que excluye, oprime y mata a muchas personas en todos los rincones del mundo, pero de manera silenciosa, porque quienes controlan esta olla intentan disimular su presión, hasta el punto de hacerla explotar a través de ilusiones que dominan la mente de la mayoría de las personas, incluidos los oprimidos.[19] La pandemia es el humo que sale de esta olla y que ahora todo el mundo ve, huele y quiere combatir; pero, la eliminación de ese humo no impedirá la explosión de la olla, lo que implicará la eliminación del otro, si no se reconoce y también se combate a la *in-crise*.

---

[16] Fernando Luiz Abricio et al. "Combating Covid-19 under Bolsonaro's Federalism: a Case of Intergovernmental Incoordination," *Brazilian Journal of Public Administration* 54, no. 4 (2020): 673, dx.doi.org/10.1590/0034-761220200354x.

[17] Ver estos estudios sobre el impacto desproporcionado del Covid-19 en las comunidades marginadas y empobrecidas, como los negros y los inmigrantes, en Brasil y Estados Unidos: Maritza Vasquez Reyes, "The Disproportional Impact of COVID-19 on African Americans," *Health and Human Rights Journal* 22, no. 2 (2020): 299–307. Lauro M. Demenech et al. "Desigualdade Econômica e Risco de Infecção e Morte por COVID-19 no Brasil," *Revista Brasileira de Epidemiologia* 23 (2020): 1–12, doi.org/10.1590/1980-549720200095. Roberta Gondim de Oliveira et al., "Desigualdades Raciais e a Morte Como Horizonte: Considerações sobre a COVID-19 e o Racismo Estrutural," *Cadernos de Saúde Pública* 36, no. 09 (2020): 1–14, doi.org/10.1590/0102-311X00150120.

[18] McGuire et al. "Ethical Challenges Arising in the Covid-19 Pandemic," 21–24. En el artículo, las "consideraciones legales" aparecen como el cuarto desafío social y la "discriminación y necesidad de equidad" como el tercero. Lo invertí simplemente porque la discriminación apunta a las injusticias socioeconómicas, lo que nos permite conectar directamente con la siguiente parte del artículo, que está relacionada con la *in-crise*, ya que el tema de la opresión estructural es parte de esa crisis.

[19] Paulo Freire ya decía que el proceso de liberación y reconstrucción del mundo comienza con la conciencia, es decir, la liberación de la mente de la ilusión del capitalismo y de la sociedad de mercado con su falso determinismo histórico. Paulo Freire, *Pedagogia do Oprimido*, 59 ed. (Rio de Janeiro: Paz & Terra, 2015), 41.

UNA CRISIS LATENTE: *IN-CRISE* **Y LA OPORTUNIDAD QUE OFRECE LA PANDEMIA**

Desde el origen de la filosofía occidental en Grecia, la búsqueda de los pensadores, que daría lugar a la síntesis greco-judeo-cristiana,[20] ha sido por el *ser*. Uno de los resultados de esta búsqueda fue el desarrollo del concepto de persona, que fue fundamental para la comprensión de Jesús de Nazaret como dos naturalezas en una sola persona, y para la explicación del misterio trinitario, un Dios en tres personas. El concepto de persona es fundamental para la bioética, especialmente por su matriz católica que se mueve a partir, fundamentalmente, de la dignidad de la persona humana, algo intrínseco e inalienable a todos los individuos. (*Fratelli tutti*, no. 23) Para la enseñanza social de la Iglesia Católica, el respeto y la promoción de la dignidad de la persona son fundamentales para la construcción de sociedades justas: "Una sociedad justa sólo se puede lograr en el respeto de la dignidad trascendente de la persona humana. Esto representa el fin último de la sociedad, que a ella es ordenada: por tanto, el orden social y su progreso deben ordenarse incesantemente al bien de las personas, porque la organización de las cosas debe subordinarse al orden de las personas y no al revés" (*Compêndio*, no. 132).

La Declaración Universal de Derechos Humanos también adoptó el concepto de persona al defender "la dignidad inherente de todos los miembros de la familia humana y sus derechos iguales e inalienables constituye la base de la libertad, la justicia y la paz en el mundo" y al reconocer que todos "nacen libres e iguales en dignidad y derechos."[21] Esto muestra cómo los conceptos de persona y dignidad fueron atribuidos a todos los individuos humanos, algo fundamental para la bioética y un punto de partida para encontrar formas de resolver los desafíos presentados anteriormente.

Las sociedades occidentales, especialmente la estadounidense, pionera en los estudios de bioética, encontraron en la autonomía individual de la autodeterminación un camino privilegiado para la promoción y realización de la persona en su dignidad.[22] Si, por un

---

[20] Henrique de Lima Vaz, "Transcendência: Experiência Histórica e Interpretação Filosófico-Teológica," *Síntese: Nova Fase* 19, no. 59 (1992): 443–460.

[21] Organización de las Naciones Unidas, "Declaração Universal dos Direitos Humanos," Preâmbulo e Artigo 1, www.ohchr.org/en/udhr/documents/udhr_translations/por.pdf.

[22] La llamada bioética principialista desarrollada por bioeticistas del Instituto Kennedy de Bioética, en la capital estadounidense, enfatiza los principios de autonomía, beneficencia y justicia como *prima facie*. Sin embargo, en la práctica, el principio de autonomía se ha vuelto predominante, especialmente cuando existen conflictos entre los principios en el contexto clínico. Cf. T. L. Beauchamp e J. F. Childress. *Principles of Biomedical Ethics*, 7th ed. (New York: Oxford University Press, 2013). Una crítica

lado, la autonomía se ha convertido en un principio bioético que posibilita el empoderamiento de pacientes y voluntarios en su relación con los profesionales de la salud y los investigadores clínicos, por otro lado, también se ha convertido en el principal medio de resolución de conflictos, como si los dilemas bioéticos estuviesen aislados de las comunidades, las sociedades y los desafíos de los momentos históricos y políticos en los que todos están insertados. De manera muy libre, nos arriesgamos a decir que la búsqueda del *ser* se satisface, en la época contemporánea, con la absolutización ética de la autonomía, particularmente en la bioética, donde la principal manifestación social y cultural de esta exageración es el fenómeno del individualismo, que es cada vez más fuerte en las sociedades occidentales desarrolladas y en expansión global. Este individualismo limita la realización de la dignidad humana a la libertad y el deseo individual, desconectado de la justicia y fomentado por un sistema desigual de competencia neoliberal. Aquí está la *in-crise* en que vivimos, creada por un modelo de competencia económica que explota al otro para simplemente beneficiar al yo individualizado de los deseos, separado del otro que, vulnerable, se convierte en un instrumento dentro de un modelo consumista-explotador.[23] Es en esta *in-crise* cultural y del modelo económico neoliberal que el Covid-19 apareció y se convirtió en un problema global, mostrando que la cuestión no es solo una nueva enfermedad infecciosa que necesita ser controlada, sino también cómo esta enfermedad encontró un mundo globalizado que permite su rápida proliferación, incapaz de contener la infección y de responder a tiempo para evitar el desastre humano y socioeconómico que estamos viviendo.

El científico político portugués João Nunes, especializado en relaciones internacionales y salud global, desarrolla muy bien lo que él llama la "crisis del neoliberalismo y la vulnerabilidad" global como el conjunto de factores que permitieron que el Covid-19 se convirtiera en una pandemia. Según él, el modelo económico neoliberal se centra en un ajuste estructural para la máxima contención posible del gasto público en servicios sociales. Así, este modelo promueve políticas de austeridad, reducción de la acción de los Estados y la promoción del sector privado con primacía del mercado. El impacto de este modelo en los sistemas de salud es gigantesco. Dice João Nunes:

---

pertinente al paradigma principialista como *prima facie* puede ser encontrada en Diego Gracia, "Hard Times, Hard Choices: Founding Bioethics Today," *Bioethics* 9, no. 3 (1995): 192–206, doi.org/10.1111/j.1467-8519.1995.tb00355.x.

[23] Sobre este modelo consumista-explotador, ver mi ensayo sobre la perspectiva ecológica del Papa Francisco y su propuesta para un modelo cuidadoso-sustentable: Alexandre A. Martins, "A Violência Contra a Terra: o Rosto Crucificado na Terra Crucificada," en *A Moral do Papa Francisco: um Projeto dos Descartados*, ed. R. Zacharias e M. I. Castro Millen (Aparecida: Editora Santuário, 2020): 173–196.

El neoliberalismo (...) se materializó en políticas de ajuste estructural enfocadas en contener el gasto público, que, a su vez, provocan la desorientación y el desmantelamiento de los sistemas de salud pública a nivel mundial. Esta tendencia se vio agravada por la crisis financiera de 2008, a la que muchos gobiernos respondieron con políticas de austeridad que dieron un nuevo impulso al proyecto neoliberal de deslegitimación de la salud como bien común. (...) En este contexto, la pandemia es un fenómeno político que tiene sus raíces en nuestro pasado neoliberal reciente. La historia del Covid-19 se compone de acciones y omisiones en las últimas décadas que han reducido la capacidad de los sistemas de salud para monitorear, contener y mitigar epidemias.[24]

Este modelo neoliberal no solo impacta en las relaciones económicas y los servicios públicos. Amplía la dinámica social y cultural de las relaciones humanas, haciendo del individualismo y la competitividad los valores que mueven a la sociedad, lo que ha llevado a la "destrucción de las redes de solidaridad y empatía imprescindibles para el esfuerzo conjunto que la respuesta al Covid-19 hizo necesario."[25] El modelo neoliberal creó las condiciones para la pandemia al destruir o debilitar económicamente los sistemas de salud pública (no es casualidad que Estados Unidos, donde la atención médica está controlada por el mercado de la salud, sea el líder en muertes), y destruir culturalmente la solidaridad social a través del individualismo y la competencia. (Esto es muy visible cuando personas de todo el mundo se niegan a mantener la distancia social y continúan promoviendo aglomeraciones para satisfacer sus deseos. Las celebraciones de fin de año en Brasil y Estados Unidos en medio de picos de contagio y muerte, mostraron claramente esta falta de solidaridad colectiva y la absolutización de la autonomía y el deseo individual, a través del individualismo.)

El Papa Francisco complementa esta búsqueda para comprender la *in-crise* que atraviesa el mundo globalizado. Según él, el individualismo, la indiferencia, el consumismo y la cultura del descarte están en las raíces de la crisis mundial, donde la crisis ecológica y la pobreza son los rostros más visibles, pero también los más fácilmente ignorados. La pandemia de Covid-19 vino para evidenciar la *in-crise*, ya que se trata de una *out-crise* dificilísima de ser ignorada, incluso para personas cuyas acciones no concuerden con la situación, exponiéndose al riesgo de infectarse o contagiar a alguien más vulnerable.

---

[24] João Nunes, "A Pandemia de COVID-19: Securitização, Crise Neoliberal e a Vulnerabilização Global," *Cadernos de Saúde Pública* 36, no. 4 (2020): 2, doi.org/10.1590/0102-311X00063120.
[25] Nunes, "A Pandemia de COVID-19," 3.

Como la voz viva del Magisterio de la enseñanza social católica, el Papa Francisco comprendió, desde el inicio de su Pontificado, la crisis latente en la que vive el mundo con el modelo económico de competencia neoliberal y la explotación ilimitada de los recursos naturales. Presentamos ahora algunos elementos del pensamiento de Francisco, que muestran su análisis de la realidad y nos ofrecen elementos esenciales para comprender la *in-crise* del mundo globalizado, a partir de tres de sus principales documentos, *Evangelii gaudium* (2013), *Laudato si'* (2015) y *Fratelli tutti* (2020). Estos tres textos, que se encuentran exactamente al inicio, al medio y al "final" de su Pontificado hasta el momento, permiten comprender su análisis de la realidad y sus propuestas, como sugerencias de principios éticos y bases que debemos seguir para construir un nuevo modelo de organización social, de carácter cuidadoso y sustentable, basado en la atención preferencial a los reclamos de los otros más vulnerables, como los pobres y la tierra.[26] Además, como Francisco repite varias veces en sus textos, todo lo que presenta es una propuesta para un diálogo más amplio y profundo con la sociedad, en vista del bien común.[27] Está lejos del horizonte de Francisco que la Iglesia Católica, y mucho menos él mismo, sean los portadores de todas las respuestas para afrontar la crisis en la que vivimos. Este esfuerzo debe ser realizado por toda la humanidad, viéndose a sí misma como una comunidad global de solidaridad.[28]

Como vimos anteriormente, en el sistema económico dominante en el mundo actual está la raíz, si no la razón principal, de la *in-crise* que estamos viviendo. Los principios que guían este sistema no solo orientan las relaciones comerciales nacionales e internacionales con una economía neoliberal globalizada, sino que permean la vida de las personas a través de transformaciones culturales que asumen los

---

[26] La opción preferencial por los pobres, extendida también a la tierra como una pobre que sufre junto a los pobres (*Laudato si'*, no. 2), es presentada por Francisco como "una exigencia ética fundamental para la realización efectiva del bien común" (*Laudato si'*, no. 158).

[27] En su encíclica sobre la crisis ecológica, un área que exige mucho conocimiento técnico e interdisciplinar, Francisco deja bien claro: "En esta encíclica, pretendo especialmente entrar en diálogo con todos sobre nuestra casa común" (*Laudato si'*, no. 03) y reafirma: "Lanzo una invitación urgente a renovar el diálogo sobre la forma en que estamos construyendo el futuro del planeta" (*Laudato si'*, no. 14). La misma postura dialógica está presente en *Fratelli tutti*: "Aunque la escribí desde mis convicciones cristianas, que me animan y nutren, traté de hacerlo de tal manera que la reflexión se abra al diálogo con todas las personas de buena voluntad" (*Fratelli tutti*, no. 06) y que este diálogo puede ser interdisciplinario para cubrir los distintos aspectos de la crisis (*Fratelli tutti*, no. 177).

[28] Dice Francisco: "Es necesario revitalizar la conciencia de que somos una única familia humana. No hay fronteras ni barreras políticas o sociales que nos permitan estar aislados y por eso tampoco hay espacio para la globalización de la indiferencia" (*Laudato si'*, no. 52).

mismos principios, de libertad económica y competencia, en las relaciones humanas, tanto individual como colectivamente, con su versión cultural de individualismo y consumismo. Según Francisco, este modelo económico mata. [29] Para sustentarlo se ha creado un sistema de exclusión del otro que lo convierte en un instrumento sujeto a disposición. En 2013, Francisco identificó lo que él llama "globalización de la indiferencia y cultura del descarte":

> Para poder sostener un estilo de vida que excluya a los demás o incluso entusiasmarse con este ideal egoísta, se ha desarrollado una globalización de la indiferencia. Casi sin darnos cuenta, somos incapaces de simpatizar al escuchar el llanto de los demás, ya no lloramos ante el drama de los demás, ni nos interesa cuidarlos, como si todo fuera responsabilidad de otro, que no nos incumbe (*Evangeliigaudium*, no. 54).

La indiferencia ha sido alimentada por la cultura de la competitividad, que convierte al otro en un competidor o en una fuerza inferior para ser explotada; y cuando ya no es posible beneficiarse de ella, es descartada para no molestar:

> Hoy todo entra dentro del juego de la competitividad y de la ley del más fuerte, donde el poderoso se come al más débil. Como consecuencia de esta situación, grandes masas de la población se ven excluidas y marginadas: sin trabajo, sin horizontes, sin salida. Se considera al ser humano en sí mismo como un bien de consumo, que se puede usar y luego tirar. Hemos dado inicio a la cultura del "descarte" que, además, se promueve. Ya no se trata simplemente del fenómeno de la explotación y de la opresión, sino de algo nuevo: con la exclusión queda afectada en su misma raíz la pertenencia a la sociedad en la que se vive, pues ya no se está en ella abajo, en la periferia, o sin poder, sino que se está fuera. Los excluidos no son "explotados" sino desechos, "sobrantes" (Evangelii Gaudium, no. 53).

El Papa Francisco recuerda lo que el uruguayo Eduardo Galeano, en el poema *Los nadies*, ya decía muy bien en los años 90' sobre personas que el sistema neoliberal no ve, sino que explota: los nadies "no son seres humanos, sino recursos humanos; no tienen rostro, sino brazos; no tiene nombre sino número."[30] Los números de la pandemia son impactantes, pero para aquellos que se benefician de este sistema

---

[29] Papa Francisco, *Exortação Apostólica Pós-sinodal "Evangelii gaudium,"* (24 de noviembre, 2013), no. 53,
www.vatican.va/content/francesco/pt/apost_exhortations/documents/papa-francesco_esortazione-ap_20131124_evangelii-gaudium.html.

[30] Eduardo Galeano, *El Libro de los Abrazos,* 29 ed. (Madrid: Siglo XXI de España Editores, 2009), 52. La primera edición fue publicada en 1989.

económico, son solo números y la preocupación por ellos llega a competir con los números de la economía, ahora afectada por el Covid-19. Sin embargo, cuando ya no exista una relación directa entre la economía global y el Covid-19, los muertos solo serán descartados por la indiferencia, si nada cambia.

La perspectiva de Francisco de la *in-crise* va más allá del modelo económico en las relaciones de mercado, también está presente en la vida de las personas a través de la cultura, cuya mayor manifestación es el consumismo y el individualismo. Según el Papa, el consumismo es una reducción antropológica impulsada por el modelo económico dominante y sus crisis financieras, ya que reduce la dignidad de la persona humana a su capacidad de consumir (*Evangelii gaudium*, no. 60). Quien no se incluye por el consumo es descartado. El consumismo distorsiona el sentido del desarrollo social y se alimenta del individualismo posmoderno y globalizado, que "favorece un estilo de vida que debilita el desarrollo y la estabilidad de los vínculos entre las personas" (*Evangelii gaudium*, no. 67). Al ser parte de la cultura, la mayoría de las personas, desde las más simples hasta las más poderosas, no se dan cuenta del mal de este modelo, basado en la distorsión del sentido de libertad y competitividad. Así, todos viven, incluso en la *in-crise*, un movimiento paradójico de sufrir las consecuencias de este modelo y, al mismo tiempo, alimentarlo, creyendo en sus ilusiones. Francisco lo expone claramente en *Fratelli tutti*:

> El individualismo no nos hace más libres, más iguales, más hermanos. La mera suma de los intereses individuales no es capaz de generar un mundo mejor para toda la humanidad. Ni siquiera puede preservarnos de tantos males, que se están volviendo cada vez más globales. Pero el individualismo radical es el virus más difícil de vencer. Engaña. Nos hace creer que todo se reduce a dejar correr las propias ambiciones, como si, acumulando ambiciones individuales y seguridad, pudiéramos construir el bien común (*Fratelli tutti*, 105).

La pandemia expuso eso. Según el teólogo que estudió el pensamiento de Francisco, João Décio Passos, interpretando la *Fratelli tutti*, la pandemia confirmó la tesis del documento, que, a su juicio, es "la contradicción y la impotencia de las soluciones económicas y políticas ofrecidas hasta entonces y la urgencia de buscar nuevas formas de organización política planetaria, para que se garantice la vida digna de todos y la convivencia global de la humanidad."[31] Esta contradicción no se limita a las relaciones de mercado, sino que forma parte de las relaciones interpersonales que

---

[31] João D. Passos, "A pandemia na encíclica *Fratelli tutti*: irmãos no planeta em crise," *Ciberteologia - Revista de Teologia & Cultura* 16, no. 64 (2020): 90.

suprimen la perspectiva de comunidad y solidaridad[32] entre las personas, poniendo en marcha el egoísmo del modelo económico indiferente al otro y su dolor.

En su comprensión de la *in-crise*, Francisco amplía su perspectiva hacia la cuestión ecológica, mostrando a la Tierra como este ser vulnerable que también clama por vida y cuidado. Él muestra cómo el modelo económico dominante y las fuerzas del mercado no han logrado revertir esta crisis por sí mismos. (*Laudato si'*, no. 109, 190) Ellos más bien están en su causa. Los mitos de la modernidad – "individualismo, progreso ilimitado, competencia, consumismo y un mercado sin reglas" (*Laudato si'*, no. 210)– nos hicieron llegar a donde estamos y esta creencia no nos sacará de la *in-crise*. En *Laudato si'*, Francisco muestra que el dolor de la Tierra, explotada de manera ilimitada, y el dolor de los pobres, oprimidos por un sistema que los margina, están juntos (no. 49), y tenemos que afrontar este doble desafío de manera integral:

> Es fundamental buscar soluciones integrales que consideren las interacciones de los sistemas naturales entre sí y con los sistemas sociales. No hay dos crisis separadas: una ambiental y una social; sino una única y compleja crisis socioambiental. Las orientaciones para la solución requieren un abordaje integral para combatir la pobreza, devolver la dignidad a los excluidos y, al mismo tiempo, cuidar la naturaleza. (*Laudato si'*, no. 39)

Entender la *in-crise* es tomar conciencia de una única crisis en las bases de sustentación del actual modelo de relación con el otro: otras personas, otras culturas, otras especies y la otra en la que vivimos, la Tierra. A pesar de ser única, la *in-crise* tiene varias facetas y manifestaciones, la pandemia es una de ellas, que en este momento es extremadamente visible y ha revelado muchas de estas otras facetas, como las desigualdades sociales en salud. Y la crisis ecológica es sin duda la más dramática de todas, ya que todavía no es tan visible para muchos; no es conocida por las multitudes y es negada por incontables individuos, incluidos los líderes mundiales. Sin embargo, no hay forma de afrontar los retos de esta crisis si sólo atacamos los síntomas,

---

[32] La solidaridad, "como actitud moral y social" es un principio social de la Iglesia, "un camino hacia la paz y, al mismo tiempo, hacia el desarrollo" en vista al bien común (Papa João Paulo II, *Carta Encíclica Sollicitudo rei socialis* (30 de diciembre 1987), nos. 38, 39). Además, la solidaridad como un principio social también es defendida por voces seculares, particularmente en la pandemia Covid-19: "El principio de solidaridad sirve como un medio para guiar la planificación sistemática que puede armonizar las respuestas nacionales e internacionales para facilitar las medidas médicas y no médicas contra el virus." Anita Ho e Iulia Dascalu, "Global Disparity and Solidarity in a Pandemica," *Hastings Center Report* 50, no. 3 (2020): 66, doi.org/10.1002/hast.1138.

cada uno en su ámbito, sin comunicarnos de forma interdisciplinaria, sin tener un diálogo amplio con la sociedad, incluyendo a los pobres y a los grupos marginados en este diálogo, y seguir negando la *in-crise*, alimentándonos de las ilusiones del modelo económico neoliberal.

La pandemia de Covid-19 es una manifestación (*out-crise*) de una crisis latente más profunda (*in-crise*). Es sin duda la manifestación visible más globalizada y devastadora de la *in-crise*, cuyos efectos devastadores ya estaban sintiendo a diario miles de personas, que sufren y mueren con la injusticia socioeconómica, la pobreza, el hambre, el desempleo, la falta de acceso a la salud, las tragedias ecológicas que afectan a los más vulnerables, el racismo, el sexismo y las guerras, por nombrar algunas de las manifestaciones de estos efectos. Sin embargo, estas víctimas son como "los nadies" que las fuerzas resistentes de la *in-crise* –como la indiferencia, el individualismo, la competencia y la cultura del descarte– no quieren que veamos. Estas mismas fuerzas también quieren limitar el impacto de la pandemia a números sin rostros y sin historias, para que el capitalismo pueda resurgir en la post-pandemia. La *out-crise* es una oportunidad para reconocer que existe una *in-crise* que la generó, para ir a las raíces de esa crisis para que no vuelva la vieja normalidad, y para vislumbrar una nueva realidad a construir.

CONCLUSIÓN

El objetivo de este texto fue mostrar los desafíos de la pandemia de Covid-19 como una *out-crise*, es decir, la manifestación visible de una *in-crise* que está latente en el sistema económico neoliberal globalizado y que domina las relaciones comerciales, sociales y humanas, afectando todas las formas por las cuales el "yo" se aproxima e interactúa con el "otro". El desafío ético no está solo en la pandemia, sino en cómo podemos aprovecharla para tomar conciencia de la *in-crise* del sistema y de las ilusiones que han destrozado a ese otro con el que nos relacionamos. Si no cambiamos, puede que no quede nadie, ni siquiera los que hoy se benefician de este sistema. Como afirma Passos: "La pandemia ha cumplido un papel político-pedagógico inédito y ha dejado sus mensajes a quien quiera escuchar: el individualismo produce como resultado la destrucción final de todo; todos necesitan de todos para avanzar hacia un futuro viable."[33] Esta pedagogía ya logrará su cometido si la pandemia logra concientizar al mayor número posible de personas sobre los desafíos de la *out-crise* (la pandemia y otras manifestaciones como la muerte prematura de personas sin acceso a la salud debido a la pobreza) y de la *in-crise*, para reconstruir la realidad, como sugiere Paulo Freire, sin las ilusiones del capitalismo y su determinismo histórico.[34]

[33] Passos, "A pandemia na Encíclica *Fratelli tutti*," 94.
[34] Freire, *Pedagogia do Oprimido*, 32.

Alexandre A. Martins es un teólogo y bioético brasileño. Es profesor asistente en el Departamento de Teología y la Facultad de Enfermería de la Universidad de Marquette en Wisconsin. Recibió un doctorado en ética teológica / bioética de la Universidad de Marquette y desarrolló una investigación de posdoctorado en el Centro de Derechos Humanos de la Universidad de Coimbra, Portugal. Tiene una vasta experiencia internacional sirviendo en salud global. Actualmente es Coordinador Regional para América Latina y el Caribe de la Ética Teológica Católica en la Iglesia Mundial (CTEWC). Entre sus varios libros se incluyen *The Cry of the Poor: Liberation Ethics and Justice in Health Care.*

Los Muertos no Son Números: Gestión Política de la Muerte en Tiempos de Pandemia[1]

Elio Gasda

Sí queremos saber cómo administra el gobierno brasileño la muerte en la pandemia, basta con acceder a la prensa:

Bolsonaro celebra la suspensión de estudios que involucran vacunas fabricadas por el Instituto Butantan.[2]

El Ministerio de Salud espera incremento de muertes para actuar en la "segunda ola" de Covid-19.[3]

Bolsonaro prefiere dejar que se dañen 6,8 millones de pruebas para el diagnóstico de Covid-19 que utilizarlas para la población. Estas pruebas podrían haber evitado que Brasil llegara a 300 mil muertes, pero se las dejaron guardadas en un almacén. Las pruebas que ya no son válidas superan a los 5 millones de pruebas que realizó el gobierno en 9 meses. La pérdida económica por pruebas vencidas es de R$ 290 millones.[4]

El 22 de abril de 2020 el relator de la ONU sobre Pobreza Extrema y Derechos Humanos, Philip Alston afirmó:

> Esta es una crisis que afecta desproporcionadamente a las personas pobres con mayor probabilidad de tener problemas de salud, viviendo en condiciones de hacinamiento, con carencias de recursos económicos para quedarse en casa por largos periodos y trabajando en empleos mal remunerados, condiciones que les obligan a escoger entre arriesgar la salud de sus hijos o la pérdida de sus ingresos.[5]

---

[1] Traducción del original en portugués al español Claudia Montes de Oca.
[2] "Bolsonaro comemora suspensão de testes da Coronavac," *DW Brasil,* 11 nov. 2020, www.dw.com/pt-br/bolsonaro-comemora-suspens%C3%A3o-de-testes-da-coronavac/a-55558007.
[3] Mateus Vargas, "Ministério da Saúde espera crescimento de mortes para agir contra 'segunda onda' de covid," *Estadão,* 19 nov. 2020, saude.estadao.com.br/noticias/geral,ministerio-da-saude-espera-crescimento-de-mortes-para-agir-contra-segunda-onda-de-covid,70003520475.
[4] Cida Oliveira, "Bolsonaro deixa estragar 6,8 milhões de testes de covid-19," *Rede Brasil Atual,* 22 nov. 2020, www.redebrasilatual.com.br/saude-e-ciencia/2020/11/bolsonaro-deixa-estragar-68-milhoes-testes-covid19/.
[5] United Nation Human Rights - Office of the High Commissioner, "Responses to COVID-19 are failing people in poverty worldwide" – UN human rights expert," www.ohchr.org/EN/NewsEvents/Pages/DisplayNews.aspx?NewsID=25815.

El uso de la pandemia para matar pobres y ancianos "sin valor," masivamente, es el acto más perverso del capitalismo global en su etapa actual. Cualquiera que reflexione sobre la destrucción de la naturaleza del capitalismo extremo, sabe que llegaría el momento de las pandemias. Los pueblos indígenas lo saben desde hace quinientos años: la llegada de los conquistadores europeos a América produjo una de las mayores catástrofes humanitarias de la historia: el genocidio de 40 millones de personas correspondía al 9% de la población mundial en ese momento. En Brasil, en 1500, la población indígena era de aproximadamente cuatro millones, distribuidos entre cientos de diferentes pueblos que hablaban más de mil idiomas. Trescientos años después, esta población se redujo a 700 mil. Un genocidio de 4 millones de seres humanos. Ellos no eran números.

Los pueblos africanos lo conocen desde hace más de quinientos años: África tendría aproximadamente 200 millones de habitantes en el momento de la llegada de los europeos[6]. Se sabe con relativa precisión que 12.521.337 seres humanos fueron embarcados en África en 36 mil viajes de barcos de traficantes de personas entre 1500 y 1867. De ellos, 10.702.657 llegaron vivos a América. Los muertos en el viaje suman 1.818.680. Casi dos millones murieron en el viaje. Eran seres humanos: tenían un nombre, una historia, una familia, una tierra, una cultura. Hasta principios del siglo XIX, en medio de la Revolución Industrial, el comercio de esclavos era el negocio más grande del mundo. Brasil recibió casi el 40% del total de los 12.5 millones de africanos traficados para América: 5 millones. La expectativa de vida de un hombre esclavo era de apenas 18 años. Genocidio.

DEJAR MORIR: UN CAPITALISMO EXTREMO

La violencia que atraviesa la historia de Brasil como una herida abierta, puede ser explicada por el continuo proceso de exclusión a la que la población más pobre está sometida. Según o IBGE[7] Brasil ha superado los 14 millones de familias en extrema pobreza. Es decir, 40 millones de personas viven en extrema pobreza, con menos de R$ 89 / mes. 53 millones en pobreza - con ingresos de hasta R$ 430 mensuales.

Las personas que no cuentan con acceso a saneamiento básico adecuado, agua potable y sistemas de recolección de aguas residuales se convierten en objetivos fáciles. Uno de cada tres municipios reporta

---

[6] Laurentino Gomes, *Escravidão – do primeiro leilão de cativos em Portugal até a morte de Zumbi dos Palmares*, vol. 1 (Rio de Janeiro: Globo Livros, 2019), 142–143.
[7] Diego Garcia, "Pobreza extrema afeta 13,7 milhões de brasileiros, diz IBGE," *Folha de São Paulo*, 12 nov. 2020, www1.folha.uol.com.br/mercado/2020/11/pobreza-extrema-afeta-137-milhoes-brasileiros-diz-ibge.shtml.

situaciones de epidemias causadas por la falta de saneamiento básico. 34 millones de brasileños están sin hogar, hay un aumento considerable de personas que viven en la calle. En los últimos seis meses de la pandemia, el número de desempleados ha aumentado un 36%. El desempleo real puede llegar al 25%. Brasil perdió 14 millones de empleos. 30 millones de adultos no tienen fuente de ingresos.

En resumen: el Covid-19 ha agravado una crisis existente[8]. El desempleo y el fin de la ayuda de emergencia en diciembre llevarán a más brasileños a caer en la pobreza extrema en 2021. Esto significa que la proporción de personas que viven en la pobreza extrema podría duplicarse.

El capitalismo es beneficiado y fortalecido por esta pandemia. Algunos definen la pandemia en Brasil como un darwinismo social, exterminando –literalmente- a los llamados improductivos o "personas sin valor," los ancianos, los vulnerables. Sólo los más aptos y competitivos sobreviven, los innecesarios mueren. Los más aptos son aquellos con el estatus social más alto, una mejor salud, tienen mejor acceso a recursos y bienestar material.

El Covid-19 expuso la esencia del capitalismo. Además de altos niveles de desigualdad, racismo estructural y enormes niveles de violencia, el bolsonarismo ha articulado a los grandes terratenientes, las iglesias evangélicas y el ejército, un bloque de poder que activa la barbarie, el gobierno sabe lo que hace. Hay dos eventos simultáneos: Uno es el Covid-19. Otro es la acción del gobierno de Bolsonaro. Por un lado, deja que el Covid-19 avance y mate, por otro, amplía las condiciones para que mate más. Actos gubernamentales, campaña de desinformación, declaraciones públicas, negacionismo. La acción intencional es dejar morir.

El gesto político del bolsonarismo es la imitación del tiroteo del pistolero. No existen políticas públicas que preserven la salud. Acciones contra pueblos indígenas y quilombolas, sin tierra, incentivos a la deforestación, liberación del uso de plaguicidas agrotóxicos, impunidad para los terratenientes que los matan o mandan matar, liberación del comercio de armas. Como parlamentario, utilizó su cargo de forma permanente para defender los crímenes de la dictadura y para rendir homenaje a torturadores y milicianos. Su rechazo a los derechos humanos es profundo.

NECROPOLÍTICA

La pandemia ha demostrado que algunas vidas valen más que otras. Se puede descartar a "quien tiene poco valor," afectando siempre a las

---

[8] Robert Boyer, "O Capitalismo sai fortalecido desta pandemia" *Instituto Humanitas Unisinos*, 20 nov. 2020, www.ihu.unisinos.br/78-noticias/603447-o-capitalismo-sai-consideramente-fortalecido-desta-pandemia-entrevista-com-robert-boyer.

mismas razas, clases sociales y géneros. Cuanto más frágiles son las poblaciones, mayor es el desequilibrio entre la vida y la muerte.

Se han establecido criterios de aceptabilidad para descartar una vida. Antes de la pandemia ya existían estrategias de exclusión. El papel de un gobierno que recauda impuestos es devolver estos ingresos en servicios públicos en áreas como la salud. Es función del Ministerio de Salud prevenir enfermedades, tratar a los pacientes y reducir el número de muertes. Pero el Gobierno Federal hace exactamente lo contrario.

Los discursos políticos están validando el darwinismo social. La idea del discurso político como instrumento de poder fue desarrollada por Aquile Mbembe, cientista político camaronés. Como estudioso de la esclavitud, la descolonización y la negritud, vinculó la idea de poder de Foucault con el racismo estatal estructural que fortalece políticas de muerte.[9]

La especie humana se organiza en grupos y subgrupos con división biológica entre ellos. Esta división se refiere al concepto de racismo. Toda la política de raza está relacionada con la política de muerte. La transformación de los seres humanos en cosas presupone la negación del derecho al hogar, de los derechos sobre el propio cuerpo, del estatus político, del derecho al duelo. Esta triple interdicción equivale a un control del otro, una muerte social.

La necropolítica es el poder de decidir quién puede vivir y quién debe morir. Dejar morir se vuelve aceptable. El cuerpo que se puede matar es uno que está en constante riesgo de muerte debido al parámetro determinante de la raza. Existen estructuras con el objetivo de provocar la destrucción de algunos grupos. Estas estructuras son formas de vida sujetas al poder de la muerte y sus respectivos mundos de muerte - formas de existencia social en las que las poblaciones están sometidas a las condiciones de vida que confieren un estatus de "muertos-vivos."[10]

Corresponde al Estado establecer el límite entre derechos, violencia y muerte. Los estados usan su poder y discurso para crear zonas de muerte: Palestina, algunos lugares de África y América Latina. Cuanto más frágil es un determinado grupo (clase, raza, género, etc.) mayor es el desequilibrio entre el poder de la vida y la muerte sobre ese grupo. Algunos discursos invisibilizaron la humanidad de ciertos grupos al descalificar a la persona, es decir, convirtiéndola en inservible. Hay territorios donde se pueden quitar vidas en aras del poder. La guerra contra el crimen y las drogas es un ejemplo.

---

[9] Achille Mbembe, *Necropolítica: Biopoder, Soberania, Estado de Exceção, Política da Morte* (São Paulo: N-1 edições, 2018).
[10] Giorgio Agamben, *Homo sacer: O Poder Soberano e a Vida Nua I* (Belo Horizonte: Editora UFMG, 2004).

La función de la necropolítica se entrelaza en el proceso de algo permanente: el fortalecimiento del capitalismo neoliberal. La política se convierte en una guerra sublimada contra los pobres, una guerra racial contra las minorías, una guerra de género contra las mujeres y las personas LGBT. Como la 'prosperidad capitalista' no es para todos, las políticas de muerte se convierten en la forma de garantizar el mantenimiento del orden.

El alcance del neoliberalismo se asocia a un conjunto de transformaciones sociales que tienen un profundo impacto en las sociedades. La mercantilización de la vida es inseparable del capitalismo. El neoliberalismo tiene un rostro oculto, que es el vínculo con el autoritarismo y sus políticas de muerte. Neoliberalismo y necropolítica se encontraron en Brasil. Las crisis son gestionadas y administradas como un medio para profundizar las políticas que llevaron a la propia crisis. Naomi Klein lo definió como *Doctrina del Choque*[11]: las crisis ocurren porque aún no se han aplicado políticas verdaderamente neoliberales.

Todo lo que represente un obstáculo para la mercantilización de la vida debe ser eliminado, especialmente los "indeseables." La exclusión económica es la forma más obvia de descarte. Se crea una distinción entre las "vidas dignas" de las que no lo son. Existe una división entre las vidas responsables del duelo de aquellas a quienes se les niegan las condiciones de humanidad: indígenas, negros, pobres, gays, inmigrantes, refugiados, ancianos, desempleados, periféricos, discapacitados.

El gobierno y su apelo a las políticas de muerte, sumadas al neoliberalismo radical, pueden evolucionar hacia una especie de "Estado Miliciano;" de control político ejercido a través de las armas. El desmantelamiento del Estado, la eliminación de los sistemas de protección social están asociados a un aparato político. El bolsonarismo está inaugurando una necropolítica neoliberal sin precedentes. La muerte, más que banalizada, pasa a ser celebrada. Los políticos toman decisiones conscientes que generan muerte, pero igualmente lo hacen. Saben que los recortes en el sistema de salud y en la vigilancia epidemiológica matarán a miles de personas.

En resumen: la necropolítica es administrar la vida usando la muerte y la enfermedad para concentrar más poder. Brasil es el producto diario de una guerra de conquista, cuya víctima es el pueblo pobre, negro e indeseable. La pandemia es el escenario perfecto para que el bolsonarismo ponga en práctica su necropolítica.

---

[11] Naomi, Klein,. *A Doutrina do Choque: A Ascensão do Capitalismo Do Desastre* (Rio de Janeiro: Editora Nova Fronteira, 2008).

ESTADO SUICIDA

La pandemia es un problema público y sólo a través del poder público puede ser enfrentada. En Brasil, la gestión política de la muerte reveló algo aún peor. Se trata de implementar un "estado suicida."[12] El estado suicida es una nueva etapa en los modelos de gestión inmanentes al neoliberalismo. Es su fase más cruel. Vamos más allá del tema necropolítico del Estado como gestor de la muerte y la desaparición de cuerpos.

El estado es la mezcla de la administración de la muerte de sectores de su propia población y un enamoramiento de su propia destrucción. El gobierno está destruyendo las bases del Estado. Es una respuesta basada en el odio contra el propio Estado y contra todo lo que este representa. Este ataque al Estado en medio de una pandemia está costando miles de vidas, sí algunos mueren nadie crea un drama por eso, ¿qué significan 450.000 muertos si hablamos de "garantizar el funcionamiento de la economía"?

La historia de Brasil es el uso de esta lógica. El país divide a sus sujetos entre "personas" y "cosas", entre los que son tratados como personas, cuya muerte causa luto y aquellos que son tratados como cosas, cuya muerte es sólo un número, una fatalidad. "Todos mueren. ¿Y?" (Bolsonaro). No hay razón para llorar. Llegamos a la consagración de esta lógica. El pobre es una cosa desechable para que el proceso de acumulación de riqueza no se detenga.

Siglos de necropolítica le han dado al Estado brasileño ciertas habilidades. Hacer desaparecer cuerpos, eliminar números de la circulación, cuestionar datos, abrir pozos en lugares invisibles. Bolsonaro y sus amigos generales de los sótanos de la dictadura militar saben cómo hacerlo. Su gobierno tiene la muerte como política pública en las áreas de salud, medio ambiente y derechos constitucionales.

Esta violencia es la matriz del capitalismo brasileño. El Estado siempre ha dirigido una guerra civil no declarada. Su ejército no tiene otro propósito que volverse periódicamente contra su propia población indefensa. Somos la patria de la guerra civil, de los genocidios sin nombre, de las masacres de indocumentados, de los procesos de acumulación de riquezas a base de bala, fuego y terror. Todos aplaudidos por un tercio de la población. El contexto brasileño es una política de muerte ejecutada de manera estructural: tragedia humanitaria, desastre social, crisis institucional.

---

[12] Doney Stinguel, "Bem-vindo ao Estado suicidário – por Vladimir Safatle (n-1 Edições)," *Jornal GGN*, 20 mar. 2020, jornalggn.com.br/blog/doney/bem-vindo-ao-estado-suicidario-por-vladimir-safatle-n-1-edicoes/.

Nombres e historias

Hay cientos de brasileños menos por día. Surgen muchos nombres e historias. Me detendré en la realidad del genocidio indígena promovido por Bolsonaro. Muchos de los grandes líderes están muertos. Fueron ellos quienes lideraron a su pueblo en la lucha por las tierras ancestrales y contra la destrucción de la naturaleza. Son las primeras víctimas del racismo estructural en la historia de Brasil. A continuación se muestra una secuencia de las palabras de Bolsonaro:

> Si asumo [la Presidencia de Brasil], no quedará ni un centímetro para tierra indígena;
>
> Lástima que la caballería brasileña no fue tan eficiente como la caballería estadounidense, que exterminó a los indios" (Correio Braziliense, 12/04/1998);
>
> En 2019 deseleccionaremos [la reserva indígena] Raposa Serra do Sol. Daremos rifles y armas a todos los agricultores" (En el Congreso, publicado el 21 de enero de 2016);
>
> Sobre el desmantelamiento de FUNAI: "Si soy elegido, le daré un golpe a FUNAI, pero un golpe en el cuello. No hay otro camino. No sirve más." (Espírito Santo, 01/08/2018, sitio web Indigenistas Associados).[13]

Hay 1.294 tierras indígenas, el 63% de las cuales tienen procesos de demarcación paralizados y el resto, en general, son invadidos por mineros, madereros, ruralistas y empresas transnacionales.

La situación de los pueblos indígenas es muy grave. Se ha eliminado parte de la resistencia indígena. El número de indígenas es inferior a un millón de personas. Según la Articulación de Pueblos Indígenas de Brasil – Apib,[14] a fines de 2020, el virus había llegado a 161 pueblos, con 42.019 indígenas infectados y 893 muertes causadas por la enfermedad. Y la pandemia está lejos de terminar.

Roraima es el estado más indígena de Brasil. Sin un plan de emergencia, el 40% de los Yanomami estará contagiado. Son más de 26.000 indígenas. Hay más de 20.000 mineros de oro en la tierra Yanomami. La Casa de Saúde Indígena (Casai), donde los Yanomami son trasladados a la ciudad, se ha convertido en un foco de contagio.

Las madres Yanomami ruegan por los cuerpos de sus bebés:[15] el subgrupo Yanomami Sanöma está formado por 3.200 personas. En mayo, tres mujeres de la tribu Sanöma y sus bebés fueron trasladados a Boa Vista con sospecha de neumonía. En los hospitales, los niños se

---

[13] Redação, "Veja 10 declarações racistas de Bolsonaro sobre os indígenas," *Esquerda Diário*, 27 agos. 2019, www.esquerdadiario.com.br/Veja-10-declaracoes-racistas-de-Bolsonaro-sobre-os-indigenas.

[14] Articulação dos Povos Indígenas - APIB, apiboficial.org/.

[15] Eliane Brum, "Mães Yanomami imploram pelos corpos de seus bebês" *El País*, 24 jun. 2020, brasil.elpais.com/brasil/2020-06-24/maes-yanomami-imploram-pelos-corpos-de-seus-bebes.html.

infectaron con Covid-19, y murieron. Los cuerpos desaparecieron, posiblemente enterrados en algún cementerio. Dos de las madres contrajeron Covid-19 en la Casa de Saúde Indígena abarrotada de pacientes. Una de ellas logró enviar el siguiente mensaje: "Sufrí tanto por tener este hijo. Estoy sufriendo. Mi gente está sufriendo. Necesito llevar el cuerpo de mi hijo al pueblo. No puedo volver sin el cuerpo de mi hijo."

Ser desarraigada de una aldea que se encuentra en el interior de la selva debido a que el hijo tiene una neumonía transmitida por los buscadores (mineros) de piedras preciosas que diezmaron parte de la población Yanomami es violencia. Salir de la selva para ir a un hospital abarrotado debido al Covid-19 es otro acto de violencia. Tener a tu bebé contaminado por una segunda enfermedad, cuando estaba allí para ser curado, es acto de violencia. Y luego, ella pierde a su hijo. Cada una de ellas, perdió a su hijo.

La violencia infligida a las mujeres Sanöma es enorme incluso para los estándares del Estado brasileño. Para una mujer Yanomami enterrar a uno de los suyos es incomprensible. Los Yanomami no son enterrados, sus cuerpos son incinerados. Hay un largo ritual funerario en la comunidad. Un Yanomami se entiende como parte de una comunidad en varias dimensiones de mundos visibles e invisibles a través de los chamanes. Los rituales de muerte deben ser realizados, tardan meses, a veces años. Varias aldeas acuden a la comunidad del difunto para participar en la cremación. Las cenizas se guardan. Meses después, los visitantes regresan para otras celebraciones. En el último acto, las cenizas de los muertos se diluyen en papilla de plátano para que el muerto se disipe en el cuerpo de todos.

Sí el ritual no es realizado, el difunto no permitirá que lo olviden, lo que provocará un gran daño a toda la comunidad. Al final, solo hay un muerto y no los vivos que permanecen muertos porque no pudieron llorar. Enterrar un cadáver es un horror. Esta escena se repite en varios lugares de Brasil. Diezmados por virus y balas durante cinco siglos, resisten. Nunca antes hubo un yanomami enterrado. Nunca.

Se tiene también el testimonio de una cuarta mujer Yanomami, contagiada de coronavirus, que fue llevada a dar a luz en el hospital y nunca volvió a ver el cuerpo del bebé que nació prematuro de siete meses, el niño nació, murió y desapareció. No hay peor afrenta para los yanomami que hacer 'desaparecer' a sus muertos. Así crece la necropolítica genocida de Bolsonaro en la Tierra Yanomami.

Gestión política genocida

En la historia de Brasil nunca un presidente cometió tantos crímenes impunemente. Su perversidad ilimitada apunta a tiempos aún más oscuros para los derechos de los pueblos y poblaciones más pobres del país.

Hay cuatro solicitudes para investigar a Bolsonaro por genocidio y otros crímenes de lesa humanidad en la Corte Penal Internacional.[16] Tres de ellas se relacionan con negligencia intencional al enfrentar la pandemia. Son peticiones basadas en los actos del Boletín Oficial de la Unión, en la campaña oficial de desinformación, en declaraciones públicas.

Las solicitudes entienden que Bolsonaro está perpetrando un genocidio cuando reemplaza a profesionales de la salud con experiencia en epidemias por militares sin experiencia en salud, está perpetrando un genocidio cuando distribuye hidroxicloroquina a los pueblos indígenas. Está perpetrando un genocidio cuando retiene los recursos destinados a enfrentar la pandemia mientras incluso faltan sedantes en los hospitales para calmar el dolor de las víctimas. Está perpetrando un genocidio cuando veta las medidas de seguridad y anima a la gente a salir a la calle sin mascarillas. Es posible seguir enumerando los actos de Bolsonaro que prueban su intención de matar. En 8 meses hemos perdido casi tres veces el escandaloso número de homicidios anuales del país.

Ante tanta evidencia, la mayor parte de la sociedad guarda silencio. Indiferencia. ¿Cómo creen que se sienten los indígenas y la población negra en estos cinco siglos mientras son exterminados? El país ha normalizado el genocidio de los pobres. Más de 400 mil cadáveres de adultos, jóvenes, niños, ancianos y bebés dejaron a 3 millones de personas en duelo.

Muchas de estas personas podrían estar vivas sí el gobierno hubiera: 1) luchado contra el Covid-19 siguiendo los estándares de la Organización Mundial de la Salud; 2) liberado recursos de los estados en lugar de retenerlos para alimentar disputas políticas; 3) mantenido en el Ministerio de Salud un ministro conocedor del tema y un equipo de sanitarios y epidemiólogos que ya estaban allí; 4) actuado en lugar de negar la gravedad de la enfermedad; 5) orientado a la población en campañas responsables; 6) hecho todo lo posible para evitar que la pandemia llegara a tierras indígenas, en lugar de vetar incluso el agua potable; 7) actuado como jefe de Estado y dar el mejor ejemplo.

¿Cómo puede un pueblo que se ha acostumbrado a morir, detener su propio genocidio? Los dolientes enfrentan un dolor indescriptible e invisibilizado por la negación de la gravedad de la pandemia. Familias enteras destrozadas, mientras otros festejan en los bares hasta altas horas de la noche, abarrotan los centros comerciales en Navidad; despreciando el profundo dolor de los afectados por la muerte.

---

[16] Beatriz Jucá, "Profissionais da saúde levam a Haia denúncia contra Bolsonaro por genocídio e crime contra humanidade," *El País*, 26 jul. 2020, brasil.elpais.com/brasil/2020-07-26/profissionais-de-saude-denunciam-bolsonaro-por-genocidio-e-crime-contra-a-humanidade-em-haia.html.

Los muertos son tratados con la misma indiferencia reservada a los vivos. La enfermedad que mató al padre, a la madre, al hermano, al abuelo o abuela, al hijo o hija tiene una gravedad negada por la máxima autoridad del país: ¿Y qué? Lo que sucede es incluso mucho peor. No se trata solo de "incompetencia", se trata de política de gobierno, además del genocidio de pueblos, en el país se practica el ecocidio, es decir, el exterminio deliberado de ecosistemas.

CONSIDERACIÓN FINAL

Brasil es el segundo país con mayor número de muertes en el mundo. Hay casi 20 millones de personas infectadas, nombres convertidos en estadísticas.

Debemos pedir perdón a los muertos por nuestra indiferencia como pueblo. Pedir perdón a los muertos, cada uno con su nombre, su historia, sus deseos, sus amores, sus debilidades, sus sueños. Pedir perdón por los que fueron enterrados en tumbas sin nombre, en cajas de papel porque faltaban ataúdes. Pedir perdón a los profesionales de la salud que día tras día arriesgan su vida.

Las personas se preparan mucho para cuidar a sus seres queridos cuando mueren. La pandemia no lo permite. Recibir la noticia de la pérdida de un ser querido es devastador. No es un cuerpo lo que está ahí. Es una persona en la grandeza de sus últimos momentos en la vida. La despedida importa. La muerte es un vacío permanente. Hay tantas formas de pensar en ella. Todos sabemos el dolor que esto representa.

¿Cuáles serían las "últimas palabras" de una persona que murió por Covid-19? ¿Cuáles serían tus últimas palabras antes de morir? ¿Cuál sería tu último pensamiento? Tú no eres un número. La vida cambia en un instante. Está solo intubado, presenciando su propio final. Sin despedirse de nadie. Sin velatorio, enterrado en una fosa común en algún cementerio público.

Escuchemos el apelo del Papa Francisco para estos tiempos difíciles:

> O seguimos el camino de la solidaridad o la situación empeorará. No se sale de una crisis de la misma forma que antes. La pandemia es una crisis. De una crisis sólo salimos mejores o peores. Tenemos que elegir. La solidaridad es precisamente un camino para salir mejores de la crisis. En medio de la crisis, la *solidaridad* guiada por la *fe* nos permite traducir el amor de Dios en nuestra cultura globalizada. En esto ayuda la solidaridad. Hago una pregunta: ¿Pienso en las necesidades de los demás? Cada uno responda en su corazón. En medio de crisis y tempestades, el Señor nos desafía y nos invita a despertar y activar esta

solidaridad capaz de dar fuerza, apoyo y sentido a este tiempo en el que todo parece hundirse.[17]

ELIO GASDA, miembro de CTEWC. Licenciado en Filosofía (FAJE) y Doctor en Teología por la Universidad Pontifícia Comillas (Madrid). Postdoctorado en Filosofía Política (Universidad Católica Portuguesa). Catedrático de Ética Teológica y Praxis Cristiana en Estudios de Grado y Postgrado (Maestría, Doctorado, Postdoctorado). Director de la Colección Theologica FAJE; Editor Asociado de Revista Perspectiva Teológica; Comité Editorial de la Revista Digital Iberoamericana de Bioética. Editor de Eje de la Enciclopedia Teológica Latinoamericana; Proyectos de investigación: La teología cristiana y los grandes desafíos ético-morales de la cultura contemporánea; Doctrina social de la Iglesia, capitalismo y trabajo. Grupos de Investigación: Pensamiento Social de la Iglesia (ODUCAL-CELAM); Futuro del trabajo y Casa Común (CLACSO); Publicaciones recientes: *Economia e bem comum: Cristianismo e uma ética da empresa no capitalismo* (Paulus, 2016); (Paulus, 2016); *Cristianismo y Economía: repensar el trabajo más que todo el capitalismo* (HOAC / Madrid, 2017); *La Doctrina Social: Economía, Trabajo y Política* (Dabar, 2019).

---

[17] Papa Francisco, "Audiência Geral," Pátio São Dâmaso, 2 sept. 2020, www.vatican.va/content/francesco/pt/audiences/2020/documents/papa-francesco_20200902_udienza-generale.html.

Vacunas para Covid-19: El Valor de la Vida Humana frente a los Intereses Económicos

Verónica Anguita Mackay

LA REALIDAD[1] DE LA PANDEMIA POR SarsCov-2 en la actualidad alcanza a 120,898,997 casos con 2,674,676 muertes. Se estima que la peste negra costó 100 millones de vidas, y 39 millones el VIH. La letalidad del Sars Cov 2 se estima en 2.21%. Este dato se obtiene del cociente de fallecimientos en relación a las personas que se han contagiado de la enfermedad. A la fecha los países más afectados por millón de habitantes son; Andorra, República Checa, Gibraltar y Montenegro. Chile tiene ya 896.231, de los cuales han muerto 21.772 personas. La letalidad en el país es de un 2.42%.

Según la Comisión Económica para América Latina y el Caribe (Cepal)[2] el panorama económico y social se ha visto severamente afectado debido a la pandemia, ya que los esfuerzos de control de la enfermedad se han centrado en restricciones a la circulación de individuos. Las cuarentenas y el aislamiento social han significado fuertes caídas en actividades productivas. En los países de América Latina y el Caribe se proyecta una contracción de la actividad del 5.3% . Así, la tasa de desempleo se ubicaría en torno al 11.5%, lo que haría que el número de desempleados de la región llegara a 37.7 millones.

Al mismo tiempo, se estima que habrá casi 30 millones de pobres más que al inicio de este escenario de salud global. Por ello, hay una obligación moral de trabajar para conseguir un control en el avance de la enfermedad. Las alternativas actuales contra el virus, además de lo ya señalado, en cuanto a restricciones al movimiento y vinculación de las personas, se ha centrado en la obtención de una o más vacunas que hagan frente al contagio. De esta manera, hay un desafío y urgencia por la necesidad de volver a la "normalidad" y así evitar el aumento de contagios, muertes y pérdida de fuentes productivas.

Evidentemente que el tema de los ensayos clínicos es muy complejo y profundizar en sus estrategias, dificultades, resultados es muy largo de describir, además de no ser la pretensión de este escrito. Pero es importante considerar ciertos parámetros ya establecidos para el

---

[1] Worldometer, "Coronavirus," Worldometers.info/coronavirus (16 marzo 2021).
[2] Comisión Económica para América Latina y el Caribe, "Observatio COVID-19 en América Latina y el Caribe: Impacto económico y social," www.cepal.org/es/temas/covid-19.

manejo ético de estos estudios. Inicialmente y de manera equivalente, los ensayos clínicos apuntaron a la obtención de vacunas y de varios otros mecanismos de tratamiento. La hidroxicloroquina, el plasma inmune, la colchicina, entre otros, buscaron hacerse camino como estrategias posibles ante el aumento de contagios. En América Latina, llegaron diversos ensayos clínicos a fin de probar suerte con la amenaza, sin embargo, los que se fueron haciendo camino con mayor velocidad, fueron los ensayos clínicos con productos farmacéuticos que intentaban buscar vacunas que cumplieran normas de efectividad a fin de convertirse en la vía de control.

En Chile, las empresas que se hicieron presente a fin de evaluar sus propuestas para evitar la COVID-19 fueron diversas. La primera que inició las evaluaciones éticas fue el laboratorio Sinovac de China. La pretensión era inocular a alrededor de 3000 personas que estuvieran directamente vinculadas a la atención de salud de pacientes contagiados.

Más adelante arribaron, Astra Zeneca/Oxford del Reino Unido, el laboratorio Jenssen de Johnson & Johnson – EEUU/Israel y CanSino – China. Estos grupos estaban dirigidos esencialmente a la población de la "primera línea", es decir, a los segmentos mayormente en riesgo de contagio. Estos ensayos clínicos llegaron en fase III. Esta estrategia pretendía agilizar los estudios con el fin de acortar los tiempos para la obtención de resultados y así conseguir las ansiadas vacunas en tiempos récord.

Los estudios con medicamentos pasan por distintas fases que tienen objetivos claramente definidos, así como la estrategia de prueba en seres humanos. Se comienza con fases preclínicas, eso es que se prueban en escenarios diferentes del ser humano. Luego empiezan las fases clínicas, donde el centro son las personas como sujeto de investigación. En vacunas, los ensayos son los que siguen.

> Fase I de los ensayos tiene como pretensión definir y evaluar las vías de administración, la seguridad y los efectos que tiene en el ser humano. Esta fase no incluirá más de 100 personas.
>
> Fase II, evalúa la eficacia e inmunogenicidad, es decir, la capacidad que tiene un antígeno de activar el sistema inmunitario e inducir una respuesta inmune. En este proceso, se incluyen entre 200 y 500 personas.
>
> Fase III, estudia la seguridad y eficacia en la prevención. Para ello, el objetivo es conseguir unos 30,000 individuos a nivel mundial.

Fase IV, permite identificar el cómo se comporta la vacuna en escenarios reales. En palabras de la OMS, se trata de estudios que tienen como objetivo evaluar cómo la vacuna funciona en el "mundo real".[3]

A Chile y a la mayor parte de América Latina donde llegaron estos estudios para vacunas, lo hicieron para completar la fase III, es decir lograr el número suficiente para demostrar resultados y así conseguir la autorización de las entidades regulatorias de los países. Los comités ético científicos existentes en el país fueron los encargados de revisar los ensayos clínicos. Por ello, cada patrocinador (empresa) presentó los antecedentes necesarios para su evaluación, destacando la premura con la que había que actuar.

Es importante destacar, que la primera aclaración que se solicitó en todos los estudios es que se evidenciara que éstos no estaban queriendo probar una vacuna sino un producto en estudio. Era importante que a la población objetivo le quedara muy claro el propósito de la fase III, el cual era seguridad y eficacia en la prevención.

Una de las razones para seleccionar una parte muy concreta de la población, personal de salud, era colaborar con el riesgo asumido por dichas personas, pero al mismo tiempo agilizar el estudio con el fin de probar la eficacia más rápidamente. Es importante recordar que el interés de los estudios clínicos no es en primera instancia, el beneficio del sujeto de investigación, sino el aumento del conocimiento. Por supuesto que el beneficio del sujeto enrolado es importante, pero no siempre se obtiene, lo que obliga a maximizar las medidas de cuidado a fin de evitar al máximo los riesgos descritos en los ensayos.

En el caso de las vacunas que llegaron al país, la estrategia metodológica de ellas fue la de probar su producto de estudio contra placebo, es decir, una sustancia inerte que no contiene droga alguna. Los ensayos se diseñaron para comprobar eficacia en un tiempo muy acotado. Esta clase de estudios controlados con placebo se pueden aceptar en la medida en que no haya nada que tenga eficacia para la patología en estudio.

Numerosos son los ejemplos de tragedias provocadas por personas en perjuicio de otras a fin de obtener mayores conocimientos. Conocidos son los abusos de los alemanes sobre los prisioneros en los campos de exterminio, o de los japoneses creando armas biológicas. En Estados Unidos, los estudios de la Sífilis, Gonorrea, Hepatitis, en África los ensayos sobre la transmisión vertical del VIH o en México sobre anticoncepción, por nombrar sólo algunos. Sin embargo, uno de

---

[3] "Vacuna contra el coronavirus: en qué consiste la Fase IV," *Infobae*, 25. nov. 2020, www.infobae.com/america/tendencias-america/2020/11/25/vacuna-contra-el-coronavirus-en-que-consiste-la-fase-iv.

los casos más emblemáticos en relación con los medicamentos, se dio en Europa a mediados del siglo pasado.

Entre los años 1957-63 se utilizó ampliamente una droga que tenía ciertos efectos sedantes, la Talidomida.[4] Se administró a mujeres embarazadas en varios países, entre otras personas. A medida que fue pasando el tiempo, comenzaron a nacer niños con graves deficiencias físicas (ausencia de extremidades, deformaciones óseas). Frente a estos hechos se iniciaron estudios a fin de dar con las razones de esta nueva realidad, así se logró establecer que lo que provocó estos problemas tan serios para los sujetos, fue la Talidomida. Al mismo tiempo se evidenció la inexistencia de organismos reguladores en muchos países y la ausencia total de estudios teratogénicos, es decir, que aseguraran que los fetos y niños en desarrollo no fueran afectados.

Pareciera ser que la prudencia ha de ser un valor para defender seriamente en estas materias. En la realidad actual de pandemia que se está viviendo, la urgencia por obtener la vacuna ha posibilitado que sean permisibles ciertos temas que, de otra forma, no lo serían. La selección de la muestra debiera ser equitativa, es decir, que todos tengan acceso a entrar en estos estudios. La realidad es que, con las pruebas de estas vacunas candidatas, la selección ha sido totalmente sesgada al personal de salud.

Adicionalmente, los comités éticocientíficos han debido autorizar esos estudios de fase III sin haber concluido las fases previas, es decir, sin tener los resultados publicados de la seguridad y los efectos, la eficacia e inmunogenicidad. Esto es algo que no era permitido, es decir, había que mostrar los resultados de las anteriores fases para comenzar a evaluar esta nueva propuesta. Por cierto, las evaluaciones no fueron tan carentes de resultados previos, es decir, había indicios de seguridad y eficacia. La urgencia nuevamente jugó un papel importante.

Ahora bien y a la luz de lo señalado previamente, surge la inquietud de establecer, ¿de qué manera podrían ser resguardados los derechos de todos los involucrados en los actos de investigación? Ante las exigencias implícitas de la sociedad, en cuanto a querer recibir la "vacuna" de manera inmediata, se hace necesaria una adecuada explicación acerca de lo que está en juego. No es una vacuna lo que se está ensayando, es un producto en estudio. No todos lo van a recibir, porque el trabajo se hace con un control inerte (placebo). No se sabe si funciona para prevenir el contagio. Si se recibe la "vacuna" en estudio y llegara otra vacuna aceptada, esas personas no podrían recibirla por un tiempo prolongado (no se sabe cuánto) porque puede ser peligroso (se desconoce qué tanto).

---

[4] Chloe Bennett, "Historia de la talidomida," *News: medical life sciences,* 20 abr. 2020, www.news-medical.net/health/History-of-Thalidomide-(Spanish).aspx.

Sobre estos hechos, surgen varias preguntas que es preciso intentar responder, ¿quién ostenta la verdad?, ¿a quién hay que respetar y por qué?, ¿cómo investigar sobre la vacuna con garantías éticas?, ¿cuál es el balance entre riesgos y beneficios en investigación clínica de vacunas en situaciones de pandemia?, ¿cuál debería ser el enfoque de las decisiones justas en un contexto de actuación global?

DERECHOS HUMANOS

Sin duda que los Derecho humanos debieran ser el punto de partida desde el cual los Estados se comprometieran a aceptar estos estudios. La urgencia de la pandemia y sus costos sociales y económicos no deben hacer perder de vista lo importante, el ser humano y su desarrollo. La Comisión Interamericana de Derechos Humanos, ha señalado que "Las Américas y el mundo se enfrentan actualmente a una emergencia sanitaria global sin precedentes ocasionada por la pandemia del virus que causa la COVID-19, ante la cual las medidas adoptadas por los Estados en la atención y contención del virus deben tener como centro el pleno respeto de los derechos humanos".[5] Esto que parece tan evidente y claro, se desdibuja al momento de tener que posarse en la realidad cotidiana de los ensayos clínicos. ¿Cuándo se puede investigar con poblaciones vulnerables? Los países de la Región, ¿deben ser o son considerados vulnerables y por ello sujetos de una protección especial?

Un tema de gran relevancia va a ser el de los límites a la reticencia a las vacunas en el contexto de pandemia, ¿se debería obligar a toda la población a vacunarse? ¿por qué? Lo que parece claro es que mientras mayor sea la efectividad de las vacunas, se puede tolerar mejor la no vacunación y viceversa. Sin embargo, hay un deber moral de vacunación, ya que lo que está en juego no es sólo la propia vida, sino también la de otros a quienes se puede contagiar. Entonces el dilema de libertad y autonomía se ve en desmedro en relación con la salud pública, pero para ello, es preciso definir si la vacunación es la mejor estrategia para el control de la pandemia.

En palabras de Piqueras, Carmona y Bernáldez, debemos enfrentarnos a la pandemia de forma colectiva. Esto exige solidaridad y reciprocidad, así como un acceso equitativo a los resultados de la investigación...[6] El deber de las autoridades es resguardar siempre primero, el bienestar de los ciudadanos. Aparentemente, en lo que toca a las

---

[5] Comisión Interamericana de Derechos Humanos, "Pandemia y Derechos Humanos y las Américas: Resolución N° 1/2020," 10 abr. 2020, www.oas.org/es/cidh/decisiones/pdf/Resolucion-1-20-es.pdf.
[6] M. C. Piqueras; J. H. Carmona; J. P. Bernáldez, "Vísteme Despacio que Tengo Prisa. Un Análisis Ético de la Vacuna del COVID-19: Fabricación, Distribución y Reticencia," *Enrahonar. An International Journal of Theoretical and Practical Reason* 65 (2020): 57–73.

investigaciones con vacunas, es claro que la pretensión es aumentar el conocimiento, sin afectar el bienestar. Pareciera ser que en estos momentos el mayor problema se da en relación con la entrega de información comprensible para la ciudadanía. Aquí hay un trabajo importante, ya que es la condición de posibilidad de la toma de decisiones responsable y autónoma. Somos seres dotados de espiritualidad, inteligencia, con un proyecto de vida y con una responsabilidad frente a nuestro propio destino. Por ello, debemos evitar actuar reaccionariamente frente a la Industria Farmacéutica, como si ellos fueran los abusadores, que lo único que quieren es la explotación. Pero, al mismo tiempo y con igual fuerza, se debe evitar actuar ingenuamente aceptando irreflexivamente toda proposición.

REFLEXIONES FINALES

Se precisa una política que regule el mercado de los medicamentos, vacunas y dispositivos médicos que busque, al mismo tiempo, el bien social, la justicia y siempre superponer el bien de las personas a los intereses económicos, aún cuando éstos tengan gran impacto. Ahora que ya muchos países han autorizado el uso de vacunas en contexto de emergencia, surgen algunos nuevos problemas que hay que pensar bien y justificar o no a la luz de los derechos humanos, ¿hasta cuándo es ético el control con placebo?, ¿se deberían abrir los "ciegos" de los ensayos para saber qué personas no recibieron más que la sustancia inerte y entonces darle la posibilidad de ser vacunados realmente?, ¿cómo establecer las estrategias de priorización en la administración de las vacunas que lleguen?

Por otra parte, será necesario pensar en la distribución global de la vacuna, es decir que debiera atender a criterios de equidad y no de poder de compra. Tal como señaló Antonio Gutierres Secretario General de la ONU[7], "hoy estamos viendo una brecha de vacunas, las vacunas están llegando a los países de ingresos altos, mientras que los más pobres del mundo no tienen ninguna. Es un éxito para la ciencia, pero un fracaso para la solidaridad. Los gobiernos tienen la responsabilidad de proteger a sus poblaciones, pero no le ganaremos al COVID 19, si cada país actúa por su cuenta". De manera análoga, tampoco lo lograremos si no buscamos situar la salud pública y la protección de los derechos humanos, sobre los intereses particulares.

Nota: En el momento en que fue escrito este breve artículo la distribución y comercialización de las vacunas no estaba muy desarrollada, sin embargo los problemas de acceso persisten. El enfoque del

---

[7] Antonio Gutierres, "+Coronavirus hoy: Pfizer anuncia que reducirá temporalmente los envíos de vacunas+," *D.W. Actualidad*, 16 enero 2021, www.dw.com/es/coronavirus-hoy-pfizer-anuncia-que-reducir%C3%A1-temporalmente-los-env%C3%ADos-de-vacunas/a-56242104.

ensayo quiere recalcar cuáles son las preguntas claves para una sociedad global que intenta superar la pandemia de manera más efectiva.

VERÓNICA ANGUITA MACKAY es Chilena, Licenciada en Ciencias Religiosas, Magíster en Bioética. En la actualidad dirige los Comités de Ética de la investigación con seres humanos de la Universidad Alberto Hurtado y de la Fundación Arturo Lóopez Perez (FALP). Es profesor asistente de la Universidad de Chile, Docente de pre y postgrado del Departamento de Bioética y Humanidades Médicas, Facultad de Medicina de la Universidad de Chile.

Crisis Psicosanitaria y Violencia: Retos Éticos del Género y la Raza

María Cristina (Tirsa) Ventura Campusano

L AS MOTIVACIONES PARA ESTE ENSAYO surgen en el contexto del Covid-19. Y sugerimos verlo como una oportunidad para pensar en un contexto de violencia, que no inició con esta pandemia, sino que hace parte de tradiciones que han colocado históricamente a muchas personas en la zona del no-ser. En este sentido, el texto puede ser parte de un trayecto para desencubrir las pandemias ocultas, inclusive, a través del género y la raza.

Desde miradas no disociadas, se puede entender que tanto el género como la raza, elementos importantes de las dinámicas sociopolíticas coloniales y capitalistas, persisten a partir de configuraciones de sentido sobre la subjetividad, el saber y el poder, afectando tanto las relaciones cotidianas de los sujetos y colectivos como también las geopolíticas. De hecho, son producto de realidades violentas asumidas como normales. Una normalidad impuesta paulatinamente y que impide las posibilidades de respirar a muchas mujeres y hombres en América Latina y el Caribe.

Es así que con esta reflexión se propone: primero, a partir de un pensamiento crítico y entramado conocer de las pandemias generadas por el paradigma mecanicista y colonial, reconociéndolas como fuente de la actual. Segundo, sugerir un pensamiento y un conocimiento alterno desde la propuesta epistémica que hacen autores como Aníbal Quijano, Rita Segato, L. Boff, Denise Najmanovich, entre otras mujeres y hombres. Con ellos y ellas construyo el trayecto para, finalmente, promover cambios transformadores de lo psicosanitario y, principalmente, de las relaciones subjetivas y violentas generadas en lo cotidiano.

La crisis psicosanitaria y la violencia que le acompaña, ha estado marcada en América Latina y el Caribe por un pensamiento hegemónico colonial, capitalista, patriarcal. El mismo se fundamenta, entre otros, en la clasificación étnico/racial y en el género como categorías con la que se fijan interpretaciones y valoraciones de los cuerpos de mujeres y hombres, con el fin de sostener el dualismo en las relaciones subjetivas y, por lo tanto, mantener el poder colonizador. Estamos hablando, entonces, de dominaciones múltiples y entramadas, de hace mucho tiempo.

Por lo tanto, frente a la crisis psicosanitaria y la violencia, será importante dejarnos orientar por las preguntas: ¿cómo enfrentar los desafíos del género y de la raza? ¿de qué manera, el género y la raza, centrales en las dinámicas sociales de relaciones, están afectadas en la pandemia del Covid-19?

Propongo transitar por estas preguntas desde un abordaje complejo, justamente, por las tramas que la conforman. Parto de la afirmación que, en la trama de la vida nada existe desvinculado y los vínculos varían constantemente dándonos la magnífica diversidad de modos de existir en la trama. Sin embargo, hay modos de existencia que han sido impuestos o modelados. Por lo tanto, me lleva a comprender la existencia de modos dinámicos, "entreactivos"[1] y multidimensionales. Y a reconocer que en el universo-diverso de la complejidad las unidades heterogéneas no existen independientemente, sino que emergen y co-evolucionan en una dinámica creativa.

Es una invitación a enfocar este tema desde una forma de experimentar el mundo, de co-construirlo en las interacciones, de producir y validar el conocimiento. Por lo tanto, se trata de andar por caminos alejados de la disyunción y la reducción, pues ambas suelen convertirse en mutilantes y sí, nuestro interés es a partir de los principios de la distinción, conjunción e implicación[2]. El reto es romper con lo común de las ideas y entrar por otras ventanas, por otros trillos, que permitan una aproximación al tema más allá de lo abstracto, en lo cual corremos el riesgo de, muchas veces, convertir la ética.

LA PANDEMIA ACTUAL – Y LO QUE REVELA

En medio del sufrimiento de tanta gente de nuestra América Latina y Caribe, no podemos olvidar las otras partes del mundo, que sufren a la vez por causa del sistema-mundo moderno/colonial que impone un modo de ser y estar, al tiempo que marginaliza y descarta. En este sentido, es difícil negar que la pandemia del Covid-19 nos encuentra inmersas en experiencias violentas de todo tipo. Para iniciar, destaco la gran desigualdad e inequidad que caracteriza a la región. En esta, las personas más afectadas por la situación son las mujeres, las/los afrodescendientes, indígenas y migrantes, quienes en su gran mayoría tienen menos acceso a educación y menos oportunidades laborales de

---

[1] Concepto usado (creado) por Denise Najmanovich, para explicar la complejidad y la no disociación entre los seres y también con la naturaleza. Documento "Trenzando narrativas" en *Seminario Virtual: Cuidadanía, Convivencialidad, Complejidad*. Clase 2, Agosto 2020, www.denisenajmanovich.com.ar/?p=2675.
[2] Edgar Morin, "Introducción al pensamiento complejo," www.cursoenlineasincostoedgarmorin.org/images/descargables/Morin_Introduccion_al_pensamiento_complejo.pdf.

calidad.³ Es por esto, que se puede afirmar que el virus ha aterrizado en un terreno fértil para exponer y agravar las disparidades y divisiones sociales preexistentes que caracterizan a gran parte de la región.

En ese sentido, el virus ha resaltado algunas de las luchas que enfrentan las minorías sociales en las sociedades racistas y patriarcales. Aunque en la Historia oficial no haya lugar para otras historias, eso no implica que no hayan existido, sino tan sólo que han sido acalladas, invisibilizadas, deslegitimadas. Así, se puede afirmar que la pandemia causada por el covid 19 no es la catástrofe mayor ni es algo nuevo. Como destaca Peter Pal, citando a Stéphane Hervé y Luca Salza:

> La epidemia en curso nos enseña de una manera irreversible: vivimos en la catástrofe. La catástrofe no es para mañana, como nos repiten nuestros dirigentes para exigir de nuestra parte lo que llaman "adaptaciones" (ganar menos, trabajar más) o para culpabilizarnos por nuestros hábitos. Ya llegamos a ella. Esta vez, es un virus el que revela el desastre. En realidad, es todo un sistema, social, político, económico, moral, que está en una crisis profunda, que nos 'sofoca'."⁴

Por lo tanto, para las personas más vulnerables la pandemia actual se suma a las ya existentes. No es extraño que para quienes representan este sistema, cuyo único criterio de validación, a nivel económico, es el tiempo y el lucro, el momento actual sea vivido como un desastre. El pretendido crecimiento *ad infinitum*, resultó tener "efectos colaterales" (humanos y ecológicos), pero se asumió que el libre mercado y el desarrollo tecnológico lograrían contrarrestarlos. Y si no lograban solucionarlos, entonces no habría solución alguna: el progreso demanda "sacrificios".⁵ Sacrificios de la mayoría de las personas ya sacrificadas. Sólo para tener una idea, Judith Morrison, asesora principal de la división de género y diversidad del Banco Interamericano de Desarrollo, señala que

---

³ "La Organización de las Naciones Unidas (ONU) advirtió que la crisis provocada por la propagación del Covid-19 generará en América Latina efectos como la contracción del PIB en un 9,1%, la caída de las remesas en cerca de un 20% y el incremento de los niveles de pobreza en al menos 45 millones de personas más." Eél María Angulo, "La Desigualdad y la Pobreza en Latinoamérica se Dispararán a Causa de la Pandemia," *France 24,* 9 jul. 2020, www.france24.com/es/20200709-la-desigualdad-y-la-pobreza-en-latinoam%C3%A9rica-se-disparar%C3%A1n-a-causa-de-la-pandemia-onu.
⁴ Peter Pál Pelbart, "Espectros de la Catástrofe" (Emilio Sadier, trad.) en *Sangre,* 14 ago. 2020, www.sangrre.com.ar/2020/08/14/espectros-de-la-catastrofe/.
⁵ Franz Hinkelammert, "Por una condonación de la deuda pública externa de América Latina," *ElPaís.cr,* 16 jun. 2020, www.elpais.cr/2020/06/16/por-una-condonacion-de-la-deuda-publica-externa-de-america-latina/.

todavía no se puede precisar el alcance del daño del Covid-19 en las comunidades afrodescendientes, sin embargo, sabemos que está revelando desigualdades históricas que pueden y deben resolverse de manera equitativa para todos los ciudadanos de América Latina. Los afrodescendientes tienen menos probabilidades de tener acceso a crédito y tienen menores ingresos y tasas de ahorro.[6]

Por ende, pueden tener menos posibilidades de abastecerse de alimentos y artículos para el hogar en tiempos de crisis. Significa que la crisis de los afrodescendientes no tiene tiempo, en este sistema-mundo colonial, porque pertenece a todos los tiempos, pues, cada vez inventa nuevas características, tóxicas, neuronales, moleculares, dado el estado de combustión al que habríamos llegado. Una época caracterizada por la redistribución desigual de la vulnerabilidad y por nuevos y desastrosos compromisos con formas de violencia tan futuristas como arcaicas, una época de brutalismo[7].

Lo anterior, permite afirmar que la crisis psicosanitaria actual y la violencia que le acompaña y que devela, no está disociada del diario vivir, de los modos de pensar y actuar, de la manera en que se han construido las relaciones, a lo largo de la historia colonial, en América Latina y Caribe. De aquí nace el interés de preguntar por las implicaciones del género y la raza como elementos que son fundamentales en las complejas dinámicas de poder y su necesaria deconstrucción a partir de las inconsistencias y contingencias que las conforman. Para hacerlo es importante una mirada ética como una acción atenta y cuidadosa, que no se hace por obligación, sino por el deseo de vivir y el respeto a la vida en común.

Así mismo, vale destacar que, en Costa Rica,[8] por ejemplo, durante el 2019, el Sistema de Emergencias 9-1-1, recibió 109.008 llamadas por incidentes de violencia intrafamiliar, una cifra que sigue el mismo patrón en lo que llevamos del año 2020. A esto se suma que las muje-

---

[6] Judith Morrison, "Ser afrodescendiente durante el Covid-19: exposición y desigualdad," *PNUD América Latina y Caribe,* 7 jul. 2020, www.latinamerica.undp.org/content/rblac/es/home/blog/2020/ser-afrodescendiente-durante-el-covid-19--exposicion-y-desiguald.html.

[7] El brutalismo – un proceso contemporáneo "por el cual el poder como fuerza geomórfica se constituye, expresa, reconfigura, actúa y reproduce actualmente." Achille Mbembe, "El Dderecho Universal a Respirar," en *Ficción de la Razón,* 13 abr. 2020, www.ficciondelarazon.org/2020/07/02/achille-mbembe-el-derecho-universal-a-respirar/.

[8] Mónica Morales, "Covid-19 Subrayó la Desigualdad de Género en la Región Latinoamericana" *Revista Perfil: Sesión Vida,* 23 agos. 2020, www.nacion.com/revista-perfil/vida/covid-19-subrayo-la-desigualdad-de-genero-en-la/DHMD42FHO5AKZNHRP5QUZ7FDQM/story/.

res se han visto afectadas de manera desproporcionada por los impactos económicos y sociales producto de la Covid-19. Según estimaciones recientes de ONU Mujeres y del PNUD, 47 millones de mujeres y niñas caerán en la pobreza, particularmente. Significa que, en Costa Rica, la pandemia ha expuesto y exacerbado otras brechas de género que afectan negativamente la autonomía económica de las mujeres, como la carga desproporcionada que asumen del trabajo de cuidados de las niñas, niños y las personas dependientes, y, el trabajo doméstico no remunerado.[9]

Lo más desastroso sería no aprovechar para develar las brechas que se abren con la actual situación, que no insistiéramos en denunciar que tanto el género como la raza, son categorías que deben ser explicadas como componentes de un sistema clasificatorio de identidades creadas. Pero al fin de cuentas, y en palabras de Achille Mbembe se trata de "cuerpos vivos expuestos al agotamiento físico y a todo tipo de riesgos biológicos, a veces invisibles"[10]. Esto nos dice que el aumento de las desigualdades y la discriminación agudiza la realidad de exclusión en todo el planeta.

En relación a lo anterior, vale recordar que los jóvenes afrodescendientes son especialmente vulnerables. Son los que corren mayor riesgo de ser objeto de registros en la calle, en la mayoría de los países de América Latina, inclusive del Caribe, debido a los controles policiales con sesgo racista, fenómeno popularmente conocido como perfiles raciales. En este sentido, sufren niveles alarmantes de violencia policial y muerte en los encuentros con agentes de policía. Esta realidad se eleva cuando hablamos de países como EE UU, donde se puede ver también, y más crudamente, que "los hombres afrodescendientes con mayor frecuencia siguen siendo detenidos, encarcelados y condenados a penas más severas, incluida la reclusión a perpetuidad y la pena de muerte".[11]

Vale recordar que las mujeres migrantes, refugiadas, las mujeres mayores, las mujeres con discapacidades, pueden verse mucho más afectadas por la violencia durante la pandemia. Esto nos dice también de la necesidad de un pensar complejo que revele las tramas que conlleva el sufrimiento causado por la violencia. De tal manera que, la pandemia revela una realidad sanitaria de múltiples dimensiones. Y

---

[9] Allegra Baiocchi, José Vicente Troya Rodríguez y María Noel Vaeza, "Pobreza, COVID-19 y su Impacto Diferenciado en las Mujeres," *Delfino,* 23 oct. 2020, www.delfino.cr/2020/10/pobreza-covid-19-y-su-impacto-diferenciado-en-las-mujeres.
[10] Achille Mbembe, "El Derecho Universal a la Respiración," *Afribuka – Cultura Africana Contemporánea,* 17 abr. 2020, www.afribuku.com/derecho-universal-respiracion-covid19-mbembe/.
[11] CEPAL, *Situación de las Personas Afrodescendientes en América Latina y Desafíos de Políticas* (Santiago: Naciones Unidas, 2017), 100.

por eso, importante un análisis de la situación con una mirada no disociada, que nos permita entender las tramas que la conforman y actuar para la eliminación de toda forma de discriminación y violencia. Por eso, la importancia de entender que la pandemia y su violencia se viene tejiendo desde la propia historia del sistema imperial dominante.

RAZA Y GÉNERO – LA IMPOSICIÓN DE UN ESCENARIO

Reflexionar sobre raza y género teniendo como mira la imposición de un escenario, se aleja de una mirada moralista, que corra el riesgo de restringir el campo de pensamiento. Es necesario, por lo tanto, dejar de lado este modo de concebir la humanidad que no sólo invisibiliza las raíces y la ligación con la trama de la colonialidad, sino que también revela la desafección. En cambio revela el afecto predominante en un sistema individualista, que es social, político, económico, moral. En este sentido, nuestra sensibilidad no se embota ni nuestra lucidez está mermada, de modo que seamos capaces de darnos cuenta de lo que esconde esta propuesta: la imposición de una estética-ética de la judicialización, de la clasificación, de la búsqueda de superior e inferior, de privilegios y descartes, crímenes y castigos, que impone un escenario de vida que excluye toda diversidad y encuentro.

Para Aníbal Quijano[12] la colonialidad es uno de los elementos específicos del patrón mundial de poder capitalista. La colonialidad del poder es fundamental para el sostenimiento de un sistema de clasificación que pasa por todos los ámbitos materiales y subjetividades, afecta la vida cotidiana y también a escala social. Un sistema legitimador no sólo de la clasificación de inferioridad y superioridad de los seres, sino también de saberes, visiones, modos y prácticas de vida, a partir de las ideas de raza/etnia, género y el control de la relación con la naturaleza.

De tal forma, que un reto ético fundamental es prestar atención al género y la raza como criterios con los cuales se materializan los intereses del sistema colonial moderno. En este sentido, Catherine Wals, a partir de su propuesta de interculturalidad, una alternativa crítica al sistema colonial, plantea que ésta

> no apunta al problema de diversidad étnica, sino al problema de la diferencia colonial. Es decir, una diferencia ontológica, política, epistémica, económica y de existencia/vida impuesta desde hace más

---

[12] Aníbal Quijano, "Colonialidad del Poder y Clasificación Social," *El Giro Decolonial- Reflexiones para una Diversidad Epistémica más Allá del Capitalismo Global*, eds. Santiago Castro-Gómez y Ramón Grosfoguel (Bogotá: Siglo del Hombre Editores; Universidad Central, Instituto de Estudios Sociales Contemporáneos y Pontificia Universidad Javeriana, Instituto Pensar, 2007), 93–126.

de 500 años, y fundamentado en intereses geopolíticos y geoeconómicos, en criterios de raza, género y razón, y en la inherente –y naturalizada– inferioridad.[13]

Entonces, se vuelve una tarea prioritaria desencubrir el poder que construye identidades, a partir de las diferencias, como una forma de tener el control sobre los cuerpos. También impera desencubrir el control epistémico para definir y establecerse como natural. Pero, sobre todo desencubrir cómo los intereses geopolíticos y geoeconómicos enmarcan esta violencia.

Es importante señalar que la raza se genera en circunstancias no elegidas y, al mismo tiempo, produce habilitaciones e invisibilidades en configuraciones culturales históricas donde existe desigualdad de poder. Para Quijano, la idea de raza, en su sentido moderno, no tiene historia conocida antes de América. Más bien, ésta surge por la necesidad de los colonizadores de nombrar las relaciones entre europeos y no europeos, siendo estos últimos desde su estructura biológica identificados no sólo como diferentes, sino también como inferiores. Los vencedores fueron adquiriendo durante la Colonia la identidad de ′europeos′ y ′blancos′, las otras identidades fueron asociadas también ante todo al color de la piel, ′negros′, ′indios′ y ′mestizos′. A todo este complejo se conoce como racismo.[14]

Además, desde la lógica moderna y colonial, algunos seres humanos, así como las plantas, los animales son vistos como meras máquinas. Hasta el punto que, uno de esos seres humanos enfermo es un objeto cualquiera descompuesto. Eso dice que los efectos de la colonialidad acontecen no sólo en la mente, sino que hay que palparla en la experiencia habitada de los sujetos, en sus propios cuerpos. Por esto, la importancia de vincular las expresiones existenciales de la colonialidad, en relación con la experiencia racial y a la experiencia de género.[15]

Al hablar de la experiencia habitada por los sujetos y sus propios cuerpos, Achille Mbembe, referiendose al sujeto de raza y, en con-

---

[13] Catherine Walsh, "¿Interculturalidad y (De)colonialidad?" *Pensar Distinto, Pensar De(s)colonial,* ed. José Romero Losacco (Caracas: Fundación Editorial El Perro y la Rana, 2020), 142.
[14] Aníbal Quijano, ""Raza", "Etnia" y "Nación" en Mariátegui – Cuestiones Abiertas" en *Cuestiones y Horizontes: de la Dependencia Histórico Estructural a la Colonialidad/Descolonialidad del Poder* (Buenos Aires: CLACSO, 2014): www.biblioteca.clacso.edu.ar/clacso/se/20140507040653/eje3-7.pdf.
[15] Nelson Maldonado Torres, "Sobre la Colonialidad del Ser: Contribuciones al Desarrollo de un Concepto" *El Giro Decolonial- Reflexiones para una Diversidad Epistémica más allá del Capitalismo Global,* eds. Santiago Castro-Gómez y Ramón Grosfoguel, (Bogotá: Siglo del Hombre Editores; Universidad Central, Instituto de Estudios Sociales Contemporáneos y Pontificia Universidad Javeriana, Instituto Pensar, 2007), 127–167.

secuencia al nacimiento del negro, vinculado a la historia del capitalismo, hace un análisis de raza, principalmente, desde lo que significa para los cuerpos que fueron nominados como negros,

> partiendo de la realidad heteróclita, múltiple y fragmentada. Hecha de nuevos fragmentos de sentidos de este término hasta llegar a las millones de personas atrapadas en las redes de la dominación de raza, de ver funcionar sus cuerpos y su pensamiento desde fuera; de haber sido transformadas en espectadoras de algo que era y no era su propia existencia.[16]

Además, este mismo autor afirma que

> el negro fue inventado para significar exclusión, embrutecimiento y degradación, inclusive para significar un límite conjurado y al mismo tiempo aborrecido. En el contexto de la modernidad fue el único ser humano cuya carne fue transformada en cosa y su espíritu, la cripta viviente del capital, en mercancía.[17]

Ante todo, el conquistador europeo blanco logró construir al otro no como semejante a sí mismo, sino como un objeto amenazador del que mejor protegerse, deshacerse o al que, simplemente, habría que someter.[18] Al tiempo que su pensamiento dualista se encargaba de objetivar los cuerpos de los otros diversos, para controlarlos, también se fijaban modos de relaciones, a través de las cuales se expresaba ese miedo al otro, a la otra. En otras palabras, se puede decir que se potenciaban unos cuerpos en detrimento de la potencia de otros.

Rita Segato[19] considera que a la entrada del orden colonial, el cual identifica como ′mundo-aldea′, el sistema de relaciones que se teje, secciona los hilos de la memoria de sus miembros afectando, de forma particular, la vida de las mujeres, a través de las relaciones de género, determinando jerarquías de prestigio entre masculinidad y feminidad.

---

[16] Achille Mbembe, *Crítica de la Razón Negra*, Enrique Shmukler, (Buenos Aires: Futura Anterior Ediciones, 2016), 33.
[17] Mbembe, *Crítica de la Razón Negra*, 33.
[18] Desde el punto de vista filosófico, Félix Valdés García analiza el concepto negritud, afirmando que "con él se revela la realidad sumergida, aplastada por la representación occidental y desconocida por las filosofías el poder hegemónico… La filosofía occidental como reproducción conceptual de "la realidad", "el ser", "la existencia", ha dejado fuera y a ocultas, en el anverso suyo, al ser otro racializado, negro, indígena, colonizado, del Sur global." Félix Valdés García, *La In-disciplina de Calibán: Filosofía en el Caribe más allá de la Academia* (Ciudad Autónoma de Buenos Aires: CLACSO; La Habana: Instituto de Filosofía de Cuba, 2020), 99.
[19] Rita Segato. "La Norma y el Sexo. Frente Estatal, Patriarcado, Desposesión, Colonialidad," *Genealogías Críticas de la Colonialidad en América Latina, África, Oriente*, ed. Karina Bidaseca (Buenos Aires: CLACSO, 2016), 31–64.

El telón de fondo de la discriminación de género es el aumento de las desigualdades y la agudización de la exclusión en todo el planeta. Se trata de acciones que separan a los hombres de las mujeres y a los niños de las niñas. Y por medio de las cuales se asigna funciones y expectativas sociales jerárquicas al tiempo que atribuye más valor y valía a los hombres y los niños. De este modo, las mujeres y las niñas quedan en una posición no sólo subordinadas, sino limitadas para generar sus propias habilidades, tomar decisiones sobre sus vidas y proyectos vitales. Mientras que, con la violencia y la crueldad, el hombre restaura su masculinidad, su imagen de potencia.

De todas maneras, Nelly Richard considera que las ideologías culturales pretenden disfrazar como naturales lo modos convencionales en que la masculinidad hegemónica fija sus interpretaciones y valoraciones de lo sexual, como si estas no fueran, justamente eso, interpretaciones y valoraciones, construidas históricamente, por lo tanto, desconstruibles y rearticulables. Para esta autora, el género como herramienta analítica posibilita diferenciar el cuerpo sexuado y las marcas-de-representación, impuestas por los códigos sociales y sus normas culturales, de la masculinidad y femineidad.[20]

Esas normas son vividas de forma, todavía más cruel si se es afrodescendiente. Por ejemplo, las mujeres afrodescendientes viven los efectos del racismo expresado en múltiples formas de violencia, donde el factor racial se hace evidente en los países de la región, en sus ausencias en las políticas públicas, la construcción de una imagen estereotipada de sus cuerpos en los medios de comunicación, donde muchas veces, cuando aparecen, están hipererotizadas o en roles sexuados como sirvientas, hasta la violencia cotidiana comunitaria.

Desde una ética del cuidado – El Covid y los retos ante la violencia de género y raza

La realidad psicosanitaria y su trama violenta, causada por el Covid-19, presenta retos para las personas, que como fue explicado en párrafos anteriores, ya vivían en condiciones de vulnerabilidad. Por eso, es una necesidad reinventarse, pues la pandemia muestra que lo llamado "normal" no es algo natural, sino naturalizado. Esas personas ya tenían la vida amenazada por la violencia, la han experimentado en sus propias carnes, no sólo por los discursos instituidos, sino y principalmente, por las acciones que invisibilizan y vulneran, mucho antes de la pandemia. De ahí que es importante, en este momento, preguntar: ¿Cómo reconstruir, reinventar la vida, si apenas ha sido vivida cuando se es afrodescendiente? Una pregunta clave como reto ante esta nueva situación.

---

[20] Nelly Richard, *Campos Cruzados – Crítica Cultural, Latinoamericanismo y Saberes al Borde* (La Habana: Fondo Editorial Casa de las Américas, 2009).

El desafío a las complejas formas del poder impuesto por los imperios coloniales pasa por la necesidad de conocer, pero, sobre todo, de pensar de otro modo. El pensar pasa por darse cuenta qué es lo que está por detrás para conocer las razones de las realidades que provocan dolor y violencia. Se trata de una tarea ética y estética. Estética que dice no sólo de la acción diferente que debe ser diseñada desde la belleza de lo entramado, sino también la manera de hacerlo, con la sensibilidad y la percepción. Así como una ética lejos de juicios y planteamientos moralizantes sino, más bien, como un modo de existencia, y el modo de existir es la trama.

El saberse entramado provoca entrar en un proceso, por un lado, de reconocer que la raza o el género con el que se ocultan potencias de algunas personas, también son el nombre del resentimiento, el deseo irreprimible de venganza, la rabia de quienes se ven obligados y obligadas a sufrir toda suerte de violaciones, humillaciones y heridas. Pero, al mismo tiempo, la conciencia del carácter móvil que tienen, justamente, por ser construcciones, las personas logran transformarse en símbolo de un deseo consciente de vida, en una fuerza que brota, flotante y plástica, comprometida plenamente con el acto de la creación, capaces de vivir en varios tiempos y varias historias simultáneamente, pero, sobre todo, capaces de reinventar la vida y no dejarse aplastar. De acuerdo con Leonardo Boff:

> hoy en día, en plena crisis del proyecto humano, descubrimos una clamorosa falta de cuidado en todas partes. Sus resonancias negativas se hacen evidentes en la escasa calidad de vida, en el sufrimiento de la mayoría empobrecida de la humanidad, en la degradación ecológica y en la exaltación exacerbada de la violencia.[21]

Lo anterior, permite afirmar que es urgente una ética del cuidado que no tanto como proyecto, sino como trayecto haga brotar la resistencia, al prestar atención y conectar con el otro, desde sus experiencias habitadas. Es de esta manera que, para personas afrodescendientes, el desprecio a los otros, se revierte por la atención, la ocupación por los otros, la actitud de humillación asumida, se convierte en actitud potente de rechazo. Así mismo, a pesar de los niveles de violencia sufrida por las mujeres en la sociedad patriarcal en sentido general, pero, de forma particular, al interior de la estructura familiar, una ética de cuidado debe posibilitar el reto el politizar y revalorizar el espacio de acción de las mujeres como espacio y acciones políticas. Y, al mismo tiempo, las demandas de las mujeres frente a la violencia podrán ser enfrentadas como demandas de todos los seres

---

[21] Leonardo Boff, *El Cuidado Esencial – Ética de lo Humano, Compasión por la Tierra* (Madrid: Trotta, 2002), 157.

humanos, para que los estereotipos de roles que causan desigualdad entre hombres y mujeres puedan ser desmovilizados. Es así que, una ética de cuidado provoca no sólo el surgimiento de propuestas novedosas y positivas en términos del lugar de los otros, sino también sugiere lugares epistémicos otros desde dónde pensar las vidas de las personas que sufren por causa de la crisis psicosanitaria y la violencia.

A MODO DE CONCLUSIÓN – PARA CONTINUAR EL TRAYECTO

Insisto en afirmar que los retos ante la actual crisis psicosanitaria y la violencia que la sostiene y provoca, y que ha sido mapeado en párrafos anteriores no puede cerrarse con una respuesta ingenua. Pensar lo psicosanitario debe pasar por la no disociación, lo que dice de una visión entramada de la vida, por la ética del cuidado - que implica un actuar desde el amor, desde la esencia humana. Pero más que un acto es "una actitud que implica, ocupación, preocupación, responsabilidad y compromiso afectivo con el otro".[22]

La pandemia ha provocado el desvelamiento de las desigualdades fundamentadas en las representaciones sociales, que clasifican, discriminan, matan. Desvela que la violencia es intrínseca a esa construcción social de imaginarios. Y, al mismo tiempo, acaba incentivando más violencia. Pero, no se puede negar que también ha quedado descubierto el sistema de salud neoliberal, clasista, hecho para una determinada población, privatizado y concentrado, que afecta la mayoría de las personas de nuestros países latinoamericanos y caribeños, sin correr el riesgo de decir que también es global. Este sistema, revela la desigual afectación que causa a las mujeres, las niñas, y contra otros grupos marginalizados como las personas con discapacidad y aquellas en situación de pobreza extrema.[23] Así también fue destacado que la situación de desigualdad de las personas afrodescendientes es también exacerbada en tiempos de pandemia, principalmente cuando es una población que vive en alto grado de precariedad, lo que le impide, inclusive tener acceso a los productos alimenticios y de limpieza del hogar en tiempos de crisis.

El espacio doméstico, al cual, desde las representaciones sociales, han sido relegadas las mujeres, se vuelve un lugar peligroso, donde se incrementa la violencia. Los grupos más perjudicados son negros,

---

[22] Boff, *El Cuidado Esencial,* 29.
[23] El Fondo de Población de las Naciones Unidas (UNPHA), "Informe Técnico: COVID-19: Un Enfoque de Género - Proteger la Salud y los Derechos Sexuales y Reproductivos y Promover la Igualdad de Género," Marzo 2020, reliefweb.int/sites/reliefweb.int/files/resources/COVID-19%20-%20Un%20enfoque%20de%20g%C3%A9nero%20-
%20Proteger%20la%20salud%20y%20los%20derechos%20sexuales%20y%20reproductivos%20y%20promover%20la%20igualdad%20de%20g%C3%A9nero%20%28Marzo%202020%29.pdf.

indígenas, discapacitados. Por eso, colectivos de mujeres y organizaciones han encendido la alerta de alarma, denunciando con campañas como "la pandemia en la sombra", lanzada por ONU-Mujer, y miles de otras iniciativas en todo el mundo, que dicen de responsabilidad y, por lo tanto, de cuidado y sororidad.

De Heidegger (2000), en su texto *El ser y el tiempo*, se puede deducir que el cuidado acompaña al ser humano desde su nacimiento hasta su muerte y constituye, desde la perspectiva fenomenológica, la estructura fundamental de su existencia. Sin embargo, nos damos cuenta cómo esa existencia se ve constantemente amenazada, muchas veces, por el desconocimiento de la trama de la que somos parte. La importancia del vínculo entre pensar y cuidar, conduce a pensar en el otro. Quienes han sufrido históricamente los embates de la violencia, específicamente racial o de género, utilizan la reserva simbólica de lo que han vivido para proyectar un futuro distinto. Un futuro en que nos contagiemos de respeto y responsabilidad por el otro y la otra. Por eso, a pesar de la invisibilidad, de la violencia y el riesgo en que viven las mujeres afrodescendientes, en la mayoría de los países latinoamericanos y caribeños, la ética del cuidado nos lleva a reconocer y, además, a denunciar que el actual confinamiento no es el primero, y con Paula Moreno afirmamos:

> Hemos hecho frente a muchos fenómenos complejos y seguimos avanzando. Como me lo decía mi abuela, si bien tenemos derecho a llorar, aún con lágrimas no nos hemos sentado ni parado un minuto de trabajar para desafiar la esperanza en nuestra comunidad y el país, una y otra vez.[24]

MARÍA CRISTINA (TIRSA) VENTURA CAMPUSANO, nacida en la República Dominicana, actualmente reside en Costa Rica, donde imparte cursos en el área de Biblia y Educación. Doctora en Educación, con énfasis en Mediación Pedagógica, por la Universidad De La Salle, Costa Rica. Doctora en Ciencias de la Religión, con énfasis en Antiguo Testamento, por la Universidad Metodista de Sao Paulo, Brasil. Profesora-Investigadora y Feminista. Especialista en Salmos, autora del libro "Cuerpos Peregrinos, un estudio de la opresión y la resistencia desde el género, clase y etnia, en los Samos 120 al 132". Coautora de libros y autora de varios artículos en el área de Biblia y Educación, Ética. Participa de la Catholic Theological Ethics in the World Church - CTEWC, de la Red de Biblista de América Latina y Caribe- RIBLA. Del grupo de estudios e investigación de Teología Trinitaria y del grupo de teólogas feministas de América Latina y Latinas en Estados Unidos.

---

[24] Paula Moreno, "El Poder de las Mujeres Negras," *¿Y si hablamos de igualdad?*, 25 jul. 2020, blogs.iadb.org/igualdad/es/poder-de-las-mujeres-negras/.

Ante la Pandemia: Pensar los Desequilibrios Ambientales como Reacción Ética ante la Acción Humana

Alejandro Castillo Morga

L A INVITACIÓN A PENSAR LOS DESEQUILIBRIOS ambientales en el contexto de la Pandemia, nos conduce a la necesidad de hacer una reflexión ética a fin de discernir una vía para ir más allá de la acción humana que los ha ocasionado. Desde el sur de México, nos atrevemos a decir que esa reflexión debe ser desde la ética indígena, desde el *ethos* de nuestros pueblos empobrecidos.

No se trata de sugerir que la solución sólo la tienen los pueblos más pobres, como si la colonización y la domesticación no hubiese modificado su *ethos* cultural, sino que, gracias a su tenacidad y resistencia, mantienen un horizonte ético que les da voz propia en el concierto de voces que llaman a que pensemos nuestra vida en justa convivencia con la naturaleza, dada la enorme responsabilidad que enfrentamos como especie.

En el presente aporte queremos colocar los desequilibrios ambientales como parte de la crisis estructural y civilizatoria actual, agravada por la Pandemia, que nos obligó a la reclusión y a la urgente necesidad de cambiar nuestro régimen de vida. Ya en años recientes el magisterio del papa Francisco nos ha insistido en convertirnos a una vida más austera a fin de acrecentar una visión que abrace la vida toda, desde una ecología integral. Por ello, consideramos oportuno recuperar y exponer la ética indígena, desde el sur de México, a fin de contribuir al concierto de voces críticas que nos invitan a no sólo vivir en una "nueva normalidad" sino pasar a un sistema de vida más allá de la modernidad.

DESEQUILIBRIOS AMBIENTALES Y LA PANDEMIA.

Las lecciones que nos está dejando la Pandemia, aún no han terminado, especialmente para ubicar el futuro de la humanidad. Dimensionar los cambios de fondo ocasionados por este acontecimiento mundial, todavía es difícil definir una palabra final. No obstante, es un hecho que la Pandemia nos está llevando a una nueva edad: la Transmodernidad;[1] lo que implica necesariamente un cambio de forma de vida, que tiene que estar regida por otro modo de cuidar la vida de los más débiles y de la Casa Común, más que la higiene comunitaria es necesaria una manera de cuidar a la comunidad de vida.

Sí sabemos, en cambio, cuáles son los límites de nuestra Casa Común. El grito de los pobres y de la hermana Madre Tierra anticipan una catástrofe mundial si no tomamos conciencia de que la naturaleza es finita. Sí sabemos, por ejemplo, que el modelo moderno-capitalista-colonial no puede seguir imponiendo sus criterios como único modelo civilizatorio. En efecto, la causa principal de la crisis civilizatoria es que, a costa de la devastación de la naturaleza y la precarización del trabajo humano, se propone el incremento de la tasa de ganancia. Este es el núcleo moral que ha conducido los objetivos y la metodología de la ciencia y de la tecnología en la globalización capitalista-moderna-colonial (*Laudato Si'*, no. 107).

La ciencia y la tecnología moderna, con el fin de conseguir más ganancias en el mercado, han creado soluciones a problemas que provocan otros problemas. En un principio, los científicos consideraron esto como un mal menor o acotado, pero ante la complejidad y riesgos de los problemas ambientales, se puede decir que la especie humana corre grave riesgo de desaparecer de la faz de la tierra. Todo esto debido a que la modernidad ha pretendido ser el único modelo de civilización para la humanidad.

Si hacemos un recuento de los desequilibrios ambientales, baste recordar la contundencia con la que nos describe el magisterio del Papa Francisco en su Encíclica *Laudato Si'*. El mundo actual está marcado por una cultura del descarte, del úsese y tírese. Tal es la frenética lógica del consumo que impone el mercado que la adquisición de cosas termina en su desecho inmediato pues no existe una utilidad concreta o bien la función que pretendía ocupar no resulta ser satisfactoria. Así que el destino inmediato es la bodega o el cesto de basura, de modo que "la tierra se está convirtiendo en un enorme depósito de porquería" (*Laudato Si'* no. 21).

De acuerdo con la encíclica, la modernidad ha metido a la humanidad en un callejón sin salida porque impone su idea de bienestar,

---

[1]La obra de Enrique Dussel apunta desde hace ya más de tres décadas los límites de la modernidad, con el fin de crear otra edad en la que la humanidad entre en un gran diálogo intercultural crítico y simétrico entre las diferentes tradiciones del planeta para ir más allá de los parámetros impuestos por la modernidad. Se trata de ir más allá de la modernidad euro-americanocéntrica, colonial, capitalista, patriarcal. Véase Enrique Dussel, "Cuando la Naturaleza Jaquea la Orgullosa Modernidad," *La Jornada,* 4 abril 2020, www.jornada.com.mx/2020/04/04/opinion/008a1pol.

no siempre consciente, [el cual tiende] a constituir la metodología y los objetivos de la tecnociencia en un paradigma de comprensión que condiciona la vida de las personas y el funcionamiento de la sociedad. Los efectos de la aplicación de este molde a toda la realidad, humana y social, se constatan en la degradación del ambiente, pero este es solamente un signo del reduccionismo que afecta a la vida humana y a la sociedad en todas sus dimensiones. Hay que reconocer que los objetos producto de la técnica no son neutros, porque crean un entramado que termina condicionando los estilos de vida y orientan las posibilidades sociales en la línea de los intereses de determinados grupos de poder. Ciertas elecciones, que parecen puramente instrumentales, en realidad son elecciones acerca de la vida social que se quiere desarrollar. (*Laudato Si'*, no. 107)

La crítica a la modernidad parte del análisis de su modelo epistemológico, el cual se ha instalado como la normalidad con la que se construye el conocimiento. La convicción de que no hay otra alternativa más que la que propone la ciencia moderna, se cristaliza en que

[…] la técnica tiene una inclinación a buscar que nada quede fuera de su *férrea lógica*, y el hombre que posee la técnica sabe que, en el fondo, ésta no se dirige ni a la utilidad ni al bienestar, sino al dominio; el dominio, en el sentido más extremo de la palabra. Por eso intenta controlar tanto los elementos de la naturaleza como los de la existencia humana. La capacidad de decisión, la libertad más genuina y el espacio para la creatividad alternativa de los individuos se ven reducidos. (*Laudato Si'*, no. 108)

Es decir que la modernidad ha construido un modelo de dominio ideológico que nada puede concebirse fuera de ella.

Ante tales desafíos, es urgente la colaboración entre las distintas disciplinas en todos los ámbitos de la vida, pero especialmente en la educación, la cual ha sido el canal más eficiente para domesticar el modelo epistemológico de la modernidad colonial capitalista. La modernidad creó y normalizó la fragmentación y colaboración entre los diferentes saberes, con la finalidad de dominar el campo del conocimiento. A este respecto el obispo de Roma indica que:

La especialización propia de la tecnología implica una gran dificultad para mirar el conjunto. La fragmentación de los saberes cumple su función a la hora de lograr aplicaciones concretas, pero suele llevar a perder el sentido de la totalidad, de las relaciones que existen entre las cosas, del horizonte amplio, que se vuelve irrelevante. Esto mismo impide encontrar caminos adecuados para resolver los problemas más complejos del mundo actual, sobre todo del ambiente y de los pobres, que no se pueden abordar desde una sola mirada o desde un solo tipo de intereses. Una ciencia que pretenda ofrecer soluciones a los grandes asuntos, necesariamente debería sumar todo lo que ha generado el conocimiento en las demás áreas del saber, incluyendo la filosofía y la ética social. Pero este es un hábito difícil de desarrollar hoy. Por eso tampoco pueden reconocerse verdaderos horizontes éticos de referencia. La vida pasa a ser un abandonarse a las circunstancias condicionadas por la técnica, entendida como el principal recurso para interpretar la existencia. En la realidad concreta que nos interpela, aparecen diversos síntomas que muestran el error, como la degradación del ambiente, la angustia, la pérdida del sentido de la vida y de la convivencia. Así se muestra una vez más que la realidad es superior a la idea. (*Laudato Si'*, no. 110)

El desafío consiste en hacer a fondo una crítica al modelo ideológico de la modernidad para ir más allá. No se trata tan sólo de cerrar una época y pasar a otra, pues la posmodernidad continúa con las mismas premisas establecidas por la misma modernidad.[2] Asumir otra responsabilidad ante la vida amenazada requiere de la reestructuración de la educación, y en general de todas las disciplinas, lo cual consiste en construir una transmodernidad, es decir, pasar a un momento en que las diferentes tradiciones aporten a la construcción de la ciencia y la tecnología a fin de que estén al servicio de la vida y no sólo del incremento de la tasa de ganancia, como lo determina el mercado neoliberal.

El diálogo entre las tradiciones de los pueblos, incluyendo la modernidad, podría generar otros modos de resolver problemáticas complejas, como lo es la crisis generada por la Pandemia (SARS Cov-2) Covid-19. Los grandes y graves desafíos ambientales se han tornado críticos con la Pandemia: el cambio climático, la crisis del agua, la pérdida de biodiversidad, pero lo grave de esta crisis es la degradación ambiental, humana y ética que enfrentamos actualmente. Por ello es urgente que pensemos las soluciones o posibles respuestas no ya desde el paradigma moderno colonial capitalista, sino desde el aporte que otras tradiciones podrían ofrecer para construir otro futuro como humanidad de mayor amor, respeto y cuidado por la Casa Común.

ANTE LA CRISIS AMBIENTAL NECESITAMOS UNA ECOLOGÍA INTEGRAL

En el reciente Sínodo de la Amazonia, siguiendo las enseñanzas de la Encíclica *Laudato Si'*, se remarcó la necesidad de adoptar una

---

[2] Desde que cobra fuerza el discurso posmoderno se ha generalizado la idea de la fragmentación, una despolitización y un antiutopismo que muestran el malestar y desencanto con el sistema vigente. Un desencanto sin principios éticos vuelve siempre a los supuestos de la moral vigente. Véase Frans Hinkelammert, *Crítica de la Razón Mítica. El Laberinto de la Modernidad* (México, Editorial Driada 2008), 41–45.

ecología integral que nos conduzca a un mayor respeto por la vida '"La humanidad…debe tener siempre presente la interrelación entre la ecología natural, es decir el respeto por la naturaleza, y la ecología humana'. Esa insistencia en que 'todo está conectado'" (*Querida Amazonia*, no. 41). "Los indígenas, 'cuando permanecen en sus territorios, son precisamente ellos quienes mejor los cuidan'" (*Querida Amazonia*, no. 42). La convivencia en una comunidad de vida, hace que los pueblos originarios sean los que mejor expresan lo que significa vivir desde una ecología integral.

Por lo anterior, quiero ubicar el contexto de la forma de los pueblos originarios del sur de México, en especial del pueblo chatino, donde ahora desarrollamos un proyecto educativo. Sin embargo, como haré notar, la conformación del imaginario popular es compartida de manera común en casi todo México—Mesoamérica—pero también en toda Amerindia. En la región mesoamericana los valles de Oaxaca tienen una relevancia muy especial en la formación del núcleo ético-mítico.[3] Tenemos noticia que en los valles de Oaxaca existen vestigios de su urbanización desde hace 3500 años, la actividad nómada data de hace unos 7500 mil años aproximadamente.[4]

Los Valles centrales de Oaxaca están surcados por diversos arroyos y ríos, al igual que las montañas y las cuevas, forman parte fundamental en la formulación de mitos y leyendas del origen de la vida de los pueblos de mesoamérica. En las cañadas por donde nacen pequeños arroyos o afluentes que alimentan la formación de otros ríos que nutren el río Atoyac en su paso por el valle. En una de esas montañas en la parte oriente del valle de Tlacolula, se encuentra la cañada de Mitla donde hasta la fecha se encuentra un lugar conocido como "La cueva del Diablo." El culto a esta montaña consiste en que la gente de la región lleva ofrendas. Para ello, parten en peregrinación del Calvario en la parte posterior de la zona arqueológica de Mitla y se dirige a la montaña conocida como "Mujer dormida," donde hacen su pedimento, de ahí avanzan hasta "La Cueva del Diablo" donde depositan su ofrenda y hacen un símbolo de su petición. Los cuidadores del lugar refieren que en la cueva se encuentra una piedra que representa una mujer "hechicera" convertida en piedra por rechazar hacer oración por la petición de un hombre rico de la región. Otra versión indica que se trata de la piedra que representa a "la madre de todos los dioses," como

---

[3] La expresión se refiere a lo que Paul Ricouer sintetizó respecto del discurso racional simbólico presente en todas las tradiciones que dieron origen a posteriores civilizaciones. Sería a partir del Núcleo ético-mítico que comienza un pensar crítico del mundo en que se mueve el viviente. Paul Ricouer, *Finitud y Culpabilidad* (Madrid: Trotta, 2004); véase también Daniel Vela, "La Tradición Simbólica y Mitológica que Asume Paul Ricouer" A*maltea: Revista de Mitocrítica*, 0 (2008): 113–126, https://revistas.ucm.es/index.php/AMAL/article/view/AMAL0808110113A.

[4] Cira Martínez López, Marcus Winter, Robert Markens, *Muerte y Vida Entre los Zapotecos de Monte Alban* (Oaxaca: INAH, 2014), 364.

es el caso de *Tonantzin* o *Coatlicue*.[5] Si tomamos en cuenta que los misioneros del siglo XVI tradujeron los nombres de los dioses indígenas con la palabra "Diablo," entonces tenemos que "La Cueva del Diablo" es un lugar de referencia histórica fundamental en la conformación mítica de la cultura zapoteca y mesoamericana. En esa y otras cuevas de esa cañada se pueden apreciar pinturas rupestres que data de hace más de siete mil años.[6]

El imaginario popular que compartimos en el sur-sureste de México, está presente en toda Mesoamérica. En el ambiente conviven tradiciones diversas que se entremezclan en las fiestas populares, en el modo de concebir el trabajo y los servicios comunitarios o el sistema de cargos en las autoridades comunitarias, entre otras prácticas. Aunque en el imaginario popular aparece como un todo, si apreciamos con detenimiento, están claramente las huellas de los núcleos ético-míticos que lo forman, aunque la raíz amerindia es predominante en el amalgama popular.

El núcleo ético-mítico es el corazón de la cultura.[7] Quiere decir que cada cultura tiene un mito, una narración de sentido o representación simbólica por medio de la cual se explica el origen del pueblo, en el momento de transmitirse de generación en generación, los elementos del mito pueden variar y se agregan nuevas prácticas, pero hay algún elemento que permanece y eso le da continuidad a la identidad de un pueblo. Las cuatro raíces culturales o cuatro núcleos ético-míticos son: el semita (la carne), el amerindio-mogólico gobiano (*Ometéotl-Omecíhuatl*/el Ying-Yang), el indoeuropeo (el alma) y el bantú sub-sahariano (danza-cuerpo).[8]

El diálogo intercultural e interreligioso que los pueblos amerindios han mantenido con la fe cristiana, muestra que es posible acoger el mensaje del Evangelio y armonizarlo con su horizonte de comprensión

---

[5] En la formulación de la filosofía mexica, hacia 1320 d. C., aproximadamente, la cristalización de los mitos mesoamericanos en la Toltecáyotl se refieren a la madre de todos los dioses representada en *Coatlique*. Lo cual sería el antecedente de *Tonantzin*, nuestra digna y reverenciada Madre.

[6] Harry Baudouin, *Le Céramique de Yagul, Oaxaca, Mexique. Relecture d'un Site 'Postclassique'* (Paris: Universite Paris I—Panthéon-Sorbone, 2010), 395. En investigaciones recientes (2015–2017), el arqueólogo Harry Baudouin ha registrado estos y otros testimonios de los pobladores de Mitla.

[7] Alejandro Castillo Morga, *Sabiduría Indígena y Ética Social Cristiana* (México: Coedición CEB-EDUCA-Flor y Canto-SERAPAZ, 2016), 478. Especialmente los capítulos 2, 3, 4 y 6.

[8] Alejandro Castillo Morga, "El Estudio de las Humanidades Desde el Paradigma Epistemológico de Medellín," *Religión como Fuente para un Desarrollo Liberador: 50 años de la Conferencia del Episcopado Latinoamericano en Medellín. Continuidades y Rupturas*, Margit Eckholt, ed. Vicente Durán Casas (Bogotá: Editorial Pontificia Universidad Javeriana, 2020), 399–407. Consultarse en: repository.javeriana.edu.co/handle/10554/51059.

de la vida. El corazón de la fe de los pueblos en Amerindia asumió como propias las bienaventuranzas, la creación y sus elementos expresados en la fuerza simbólica de los santos cristianos, de ahí que la síntesis de *Tonantzin*-Santa María de Guadalupe, *Huitzilopochtli*-Santiago Apóstol, *Tláloc*-San Juan Bautista o San Pedro Apóstol, son la muestra de que ambas tradiciones buscan una armonía en la Casa Común. En este mismo sentido, el papa Francisco en su Exhortación Apostólica reciente pide a los jóvenes de pueblos originarios cuidar de las raíces de sus culturas "porque de las raíces viene la fuerza que los va a hacer crecer, florecer y fructificar. Para los bautizados entre ellos, estas raíces incluyen la historia del pueblo de Israel y de la Iglesia hasta el día de hoy. Conocerlas es una fuente de alegría y sobre todo de esperanza que inspira acciones valientes y valerosas" (*Querida Amazonia* no. 33).

El conocimiento de las raíces propias es un momento importante porque, en el caso de los pueblos originarios, es simplemente cobrar conciencia de lo que ya está presente en la vida cotidiana y que, precisamente, apunta a una ecología integral. En el proceso de liberación de una conciencia colonial, por medio de una evangelización inculturada, está claro que cuando los pobres cobran conciencia de su marginación y hace suya su causa es el momento en que empieza un camino que ha iluminado el caminar de la Iglesia de los pobres y se ha sumado a las luchas de los diversos movimientos que también luchan por un cambio de estructuras injustas económicas, de género, pedagógicas, políticas, entre otras causas. Por ello cuando se habla de una ecología integral se trata de sumar las causas de la justicia social y la justicia ambiental, y son precisamente los pueblos originarios los que más nítidamente muestran esa unión dado que es parte de su cotidianidad el cuidar la comunidad de vida.

> La ecología integral tiene su fundamento en el hecho de que "todo está íntimamente relacionado" (*Laudato Si'*, no. 16). Por ello ecología y justicia social están intrínsecamente unidos. Con la ecología integral emerge un nuevo paradigma de justicia, ya que "un verdadero planteo ecológico se convierte siempre en un planteo social, que debe integrar la justicia en las discusiones sobre el ambiente, para escuchar tanto el clamor de la tierra como el clamor de los pobres (*Laudato Si'*, no. 49). (*Documento Conclusivo del Sínodo para la Amazonia*, no. 66)

La ecología integral se presenta como una exigencia y para poder profundizarla podemos aprender mucho más si prestamos atención a la vida de los pueblos originarios. En el caso del pueblo chatino, veamos la siguiente oración que hacen antes de empezar las siembras del maíz y del frijol.

Con permiso y perdón de Dios el Santo Padre Sol, con permiso y perdón a la Santa Madre Tierra con permiso y perdón a San Juan, con permiso y con perdón a la Santa Agua, con permiso y con perdón al Santo Viento, a las Santas Nubes, con permiso y con perdón al mundo, al centro de mí, al lugar donde me voy a parar, al Centro del Santo Cielo, al Centro de la Santa Tierra, y a las cuatro esquinas del mundo.[9]

Yo corté los árboles, las plantas, yo rozé, yo quemé, yo agarré la coa, yo pido que esta semilla me brote, que me crezca, que tenga buena cosecha, para que tenga tortilla, frijol y pueda comer mi mujer y mis hijos.

Que todo lo que siembre se dé, para que tenga con qué obtener lo que necesito, porque es una cosa buena, aunque sea poquito, pero lo trabajé yo, por eso quiero que me nazca, que me crezca, que se me dé, para que tenga cómo pasar este año, que no me vaya a pasar nada, que no me enferme.

Aquí en esta Tierra voy a poner un poco de dinero y doy las gracias, aquí voy a poner un poco de luz ante nuestro Santo Padre Sol, para que me dé esa luz que me ilumine, a donde voy a pasar, a donde voy a sembrar y que me envíe nuestro Santo Padre Sol sus rayos, su calor y fertilice a nuestra Santa Madre Tierra y la Santa lluvia que anuncia el Santo Rayo caiga para que reviente y crezca el maíz, el frijol.

Yo corté el árbol, yo rozé, yo quemé, yo trabajé la tierra, ahora todo lo que voy a tocar, lo voy a sembrar, la semilla que voy a poner, sólo tú, nuestro Santo Padre Sol, eres el único que decidiste que así se hiciera y así se hará, tu permitiste sembrar, tu mandaste al mundo, tú permites que se den las cosechas, con eso comemos, con eso pagamos, con eso compramos lo que necesitamos, siempre he sembrado aquí y pedido permiso a Ktaná Ki'a, la Diosa Culebra que atrae la lluvia, así me enseñó mi papá, no es mi primera siembra, no es el primer año en Quiahije, siempre he trabajado en estas tierras, aquí te deposito las gracias, aquí te pongo esta ofrenda, esta luz, para que sea la fuerza, para que seas mi valor, para que nada me falte, para que nada le falte

---

[9] "El Centro del Santo Cielo, el Centro de la Santa Tierra, y a las cuatro esquinas del mundo," la expresión es recurrente entre los pueblos mesoamericanos. Entre los nahuas se habla de *Ometeotl* y *Omecíhuatl*, el *OME* es el principio dual integrador del cosmos: Señor-Señora dos, Entre los mayas es la expresión de Dios: Corazón del Cielo, Corazón de la Tierra. En zapoteco se refiere al cruce de los rumbos del universo, ahí está *Lua* es el ojo de la sabiduría, el conocimiento. Es el núcleo ético mítico que está a la base del modo de vida de los pueblos. Es el principio de la filosofía de los pueblos originarios de Mesoamérica. La ecología integral dice que todo está interconectado, esto es el fundamento del conocimiento en la vida de los pueblos de Amerindia.

a mi mujer y a mis hijos, para que no tenga ningún tropiezo.[10]

La plegaria de don Félix Agripino contiene muchos elementos[11] de los cuales ahora sólo queremos señalar cómo, en su relación con la naturaleza y con los demás aspectos de su mundo cotidiano, hay un fuerte vínculo de reciprocidad y corresponsabilidad, en ello consiste la ecología integral de los pueblos originarios y la cual apunta a la necesidad de respetar a la comunidad de vida para que sea una vida buena para todo viviente. Es por ello que el Sínodo de la Amazonia hace un llamado: "Junto a los pueblos amazónicos (y los pueblos chatinos) y a su horizonte del 'buen vivir,' llamarnos a una conversión ecológica individual y comunitaria que salvaguarde una ecología integral y un modelo de desarrollo en donde los criterios comerciales no estén por encima de los medioambientales y de los derechos humanos" (*Documento Conclusivo del Sínodo sobre la Amazonia*, no. 73).

La ecología integral se expresa como el cuidado de "Xochikali/Casa de las Flores," es el genuino sentido de la Casa Común donde todos y todas podemos gozar de los bienes comunes, que debemos cuidar y amar. El aprendizaje de la vida de los pueblos nos coloca en el horizonte transmoderno, que no pretende superar, continuar o reconstruir la modernidad, sino precisamente plantearse más allá de la modernidad.

En diálogo crítico entre diferentes tradiciones se pretende generar otras categorías de aprendizaje y conocimiento, con pleno respeto a la comunidad de vida y a la dignidad de los pueblos. En el momento de crisis de la Pandemia nos está exigiendo respuestas diversas, los pueblos originarios desde su forma de vida están invitando a crear otro tipo de relación entre los seres humanos y la naturaleza, es necesario que se cobre conciencia de que somos parte de la comunidad de vida. Por ello,

> reconociendo la forma en que los pueblos indígenas se relacionan y protegen sus territorios, como una referencia indispensable para nuestra conversión hacia una ecología integral. En esta luz queremos crear ministerios para el cuidado de la "casa común" en la Amazonía, que tengan como función cuidar el territorio y las aguas junto con las comunidades indígenas, y un ministerio de acogida para aquellos que son desplazados de sus territorios hacia las urbes. (*Documento Conclusivo del Sínodo sobre la Amazonia*, no. 79)

---

[10] Plegaria del señor Félix Agripino Baltazar del municipio chatino de San Juan Quiahije, traducido al castellano por Cirila Sánchez Mendoza, recopilado por Carmen Cordero Avendaño, *Stina Jo'o Kucha. El Santo Padre Sol* (México: Editorial Miguel Ángel Porrúa-CDI 2012), 177.

[11] Para un análisis de los textos y testimonios de la palabra de los pueblos originarios como fuente de su filosofía, véase Alejandro Castillo Morga, *Sabiduría Indígena y Ética Social Cristiana,* 87–104 y 186–216.

Para enmarcar el sentido del compromiso a partir de la adopción de la ecología integral como forma de vida en cada realidad, veamos algunos aspectos que conforman la ética indígena. Es un hecho que la vida de los pueblos ahora más que nunca se convierte por sí misma en la interpelación ética al sistema de muerte que está devastando la comunidad de vida.

ÉTICA INDÍGENA PARA UN DIÁLOGO INTERCULTURAL CRÍTICO Y SIMÉTRICO PARA IR MÁS ALLÁ QUE LA MODERNIDAD

Gracias al proyecto del Centro de Artes y Oficios para los pueblos originarios que se está desarrollando en la Sierra Sur de Oaxaca, en el Municipio de Zenzontepec, distrito de Sola de Vega Oaxaca, estamos aprendiendo el sentir de los pueblos en su forma de vida. El municipio de Zenzontepec es parte del pueblo Chatino que abarca los municipios de: Lachao, Quiahije, Panixtlahuaca, Juquila, Temaxcaltepec, Nopala, Tataltepec y Yaitepec.

Históricamente el pueblo Chatino es uno de los pueblos más marginados del Estado de Oaxaca. Su población enfrenta los retos de la globalización neoliberal: migración, pérdida de la identidad como pueblo, esclavitud laboral en las urbes, subempleo, abandono del trabajo agrícola, incremento del consumo de drogas baratas entre los jóvenes, etcetera. Actualmente se hacen esfuerzos para corregir esas malas prácticas y se trata de recuperar la teología del pueblo Chatino.

Como se muestra en la oración chatina para hacer buena siembra, la cosmovisión está articulada en la integralidad dual del cosmos en "Nuestro Santo Padre Sol" (*Ho'o Kwicha* o *Jo'o Kucha*) y la "Santa Madre Tierra" o "Santa Abuela" (*Ma' Kusú*).[12] La cosmovisión del pueblo Chatino es un fundamento invaluable para plantear procesos pedagógicos de manera relacional, dialógica, que tiene como base la comunidad. El espacio educativo cotidiano que reproduce este conocimiento por medio de sus ritos, fiestas, y el desempeño de servicios y cargos, nos indica los criterios y principios de una ética como discurso crítico del sistema vigente.

Lo anterior permite perfilar los elementos de la ética indígena[13] como un discurso crítico ante la modernidad colonial capitalista. Al referirnos a la cosmovisión chatina se podrá pensar que la ética es solamente válida para ellos. En términos generales, la referencia a un mundo de la vida sería la moral de la totalidad de ese mundo; mientras

---

[12] Atlas de los Pueblos Ondígenas de México, bit.ly/2RcorwP.
[13] Sobre el tema de la ética indígena, véase Castillo Morga, *Sabiduría Indígena*, 478; Castillo Morga, "El Estudio de las Humanidades..." 399–407; y Alejandro Castillo Morga, "El Horizonte Pedagógico desde la Ética Indígena. El Proyecto del Centro de Artes y Oficios para los Pueblos Originarios," *Concilium*, no. 382 (2019).

que la ética sería la reflexión crítica desde las víctimas de ese sistema.[14] En el caso de la ética indígena se propone como el contra discurso de la modernidad que sometió a todos los pueblos y culturas, incluso a los pueblos originarios se les negó capacidad de razonamiento, ahora no por una cuestión de revancha sino por un justo ejercicio de que su palabra sea escuchada después del silencio padecido.

La ética indígena comprende criterios y principios con lo que pretenden abrir su camino en el horizonte de diálogo intercultural crítico y simétrico entre diferentes tradiciones, incluida la modernidad, a fin que se puedan encontrar determinaciones, acuerdos o guías que permitan asumir un cuidado responsable de la comunidad de vida.

En el caso de los principios tienen un carácter normativo, lo que no quiere decir que son medidas reglamentarias para cada tradición sino son propuestas que animan el discernimiento entre las diferentes tradiciones, a condición que cada una exprese su palabra en el diálogo simétrico y desde la visión de las víctimas.

En cuanto a los criterios de la ética indígena nos referimos a los enunciados que están implícitos en los mitos, ritos y oraciones que hacen los pueblos en torno al modo de desarrollar su vida cotidiana. De acuerdo a los testimonios, referencias y fuentes que hemos indicado en este trabajo, se puede decir que el actuar de los pueblos se guía por los criterios de: reciprocidad, corresponsabilidad y complementariedad.

La *reciprocidad* consiste en atender a la llamada generosa que hace la comunidad de vida para retribuir a los demás seres de la naturaleza la gratuidad por hacer posible la vida. La reciprocidad conduce a que todo se mantenga en armonía y equilibrio de la comunidad de vida en la que el ser humano es deudor del don que se le ha dado en la vida, motivo por el cual se debe hacer responsable de dicho equilibrio. Por ello no con arrogancia se siente dueño de todo lo creado, sino deudor humilde que pide permiso a la tierra y a las fuerzas de la naturaleza para poder mantener su vida y garantizar que también lo sea para los demás.

La *corresponsabilidad* lleva al compromiso de que cada uno hace su trabajo para que el resto de la comunidad se conduzca en el buen vivir, en el buen convivir. Por ello, cada uno se obliga a devolver generosamente el apoyo o la vida recibida como garantía del equilibrio. En la corresponsabilidad cada uno hace bien su trabajo, en ello los seres humanos sólo siguen el modo como la naturaleza hace posible la vida. La corresponsabilidad es la base del trabajo comunitario por el que muchas comunidades mantienen los bienes públicos del pueblo.

Lo relativo a la *complementariedad* está intrínseco el mito de origen del pueblo. En las distintas formulaciones del mito destaca la

---

[14] Enrique Dussel, *14 Tesis de Ética. Hacia la Esencia del Pensamiento Crítico* (Madrid: Trotta 2015), 23–25.

necesidad del opuesto, del diferente, a fin de que se manifieste la integralidad de la totalidad. La integralidad del cosmos de la realidad toda sólo es posible por la manifestación de lo diverso. Así que desde el origen de los tiempos se concibe todo desde su contrario, el día se creó porque hay noche, existe el calor porque hay una parte fría. Este modo en que la vida se articula coloca en otro punto la relación entre lo diverso, entre el bien y el mal. Una parte por sí misma no puede sostener el equilibrio de la vida.

La ética como discurso crítico del sistema vigente, interpela desde la exterioridad del sistema para ir más allá de él, la palabra de los pueblos es esa exterioridad que interpela y desinstala los fundamentos del sistema vigente. Por lo anterior, la constitución del discursos crítico contiene tres principios presentes simultáneamente en la acción humana: *principio material, principio formal, principio de factibilidad*.[15] El *principio material* es el momento de la vida material, en el cual el viviente—como en el caso de don Félix Agripino se ocupa de su carnalidad-corporalidad y de su familia por lo que pide permiso y perdón a la tierra por herirla. El *principio formal* es el momento de las instituciones, como en el caso de los pueblos originarios tienen instituciones para garantizar la vida de la comunidad por medio de los servicios y su sistema de cargos. El *principio de factibilidad* es el momento de las estrategias y tácticas para hacer efectivo el actuar, así como los pueblos "saben" el momento preciso para hacer su oración a fin de pedir buena cosecha o cuándo no está cayendo buena lluvia y hay que reforzar la petición a la Santa Agua o al Santo Señor del Rayo, también se pide a la Santa Culebra que atraiga el agua. Como se ve, no se trata de una mera conciencia racional sino del conocimiento de la vida, que precisamente entre los pueblos originarios hay una manera muy precisa de practicarlo en un cierto "sentido común" presente en la comunidad y en la naturaleza.

En relación con esta manera de sistematizar la ética, hemos venido proponiendo que la vida de los pueblos originarios puede ser expresada en cinco principios éticos: *principio material*: **Tierra**; *principio formal*: **Pueblo**; *principios de factibilidad*: **Servicio, Tequio, Fiesta**.[16]

La **Tierra** nos convoca a ser comunidad de vida. La Tierra como madre nos alimenta y nos invita a hacernos corresponsables de los

---

[15] Enrique Dussel, *Ética de la Liberación, en la Era de la Globalización y la Exclusión* (Madrid: Trotta-UAM-UNAM 1998), 661; Enrique Dussel, *14 Tesis de Ética*, 57–99 y 172–186.

[16] En la teología india estos principios son llamados "Horcones de los pueblos": **territorio, autonomía, servicio, trabajo colectivo** y **fiesta**, han servido de guía para animar el trabajo pastoral de muchos pueblos. El término "horcones de los pueblos" surgió en los encuentros del Enlace de Agentes de Pastoral Indígena entre 2009 y 2011 en México.

bienes de la tierra. Hay que trabajarla, tratarla con cariño. El primer bocado de alimento o el primer sorbo de mezcal hay que dárselo a ella. El equilibrio entre todos los seres de la creación será la responsabilidad que del ser humano, quien procura su cuidado; de hecho, la propia madre naturaleza tiene ciclos que procuran ese equilibrio. Es la Madre Tierra que nos cuida y protege. En reciprocidad debemos ser consecuentes, es decir normativamente estamos invitados a garantizar la comunidad de vida.

El sentido de ser **Pueblo** es una consecuencia de habitar en comunidad. Se está en armonía con la comunidad de vida, por lo tanto, esa armonía se expresa en la formación de la Asamblea como el espacio político para alcanzar consensos. Cada miembro de la Asamblea "dice su palabra," habla lo que le va a beneficiar a todos y no sólo a sus intereses.

El **servicio** es lo más característico de la práctica política entre los pueblos originarios. Por eso, el servicio como un *mandar obedeciendo* será el principio ético-político más genuino de la crítica al modelo de la democracia moderna. Los cargos y servicios distribuyen la responsabilidad entre todos, de modo que quien está en un cargo de autoridad, manda obedeciendo lo que determina la asamblea del Pueblo. La voluntad de poder de la comunidad se expresa como vida buena para todos. La voluntad de vida se expresa como gratuidad del servicio en comunidad.

El **tequio** es el trabajo colectivo por el que la comunidad garantiza que los bienes comunes reciban mantenimiento. Sin embargo, más que un mero mantenimiento, el tequio es una forma de seguir el ejemplo de la Madre Tierra. Así como ella trabaja para crear la vida, así la comunidad como hijos e hijas de la Tierra ayudan con trabajo a mantener y continuar la creación. Por ello, el trabajo humano es re-creación, es hacer el espacio habitable, cuidar el territorio donde habitamos y retribuir a la Tierra el don que nos da generosamente.

La **fiesta** es fundamental para la comunidad. Cada momento ritual y celebrativo se vive como *guelaguetza*, ofrenda, intercambio gratuito de dones, por medio de los cuales las personas fortalecen los lazos de vida en comunidad. La celebración está presidida por *guelaguetza*, palabra zapoteca que significa el intercambio de dones y de bendiciones mutuas que expresan el buen deseo y agradecimiento de ser comunidad. Este lazo de convivialidad entre las personas y como símbolo de su vinculación con la Madre Tierra tiene un sentido de responsabilidad política por la vida, el agradecer es garantía de respetar lo que nos da vida y salvaguardarlo para las futuras generaciones.

Una ética así, invita a articular el pensamiento crítico en sus aspectos material-formal-factibilidad. Cada uno de los principios ético-políticos se desglosa en el nivel material, formal y de factibilidad, lo que podría hacerse para ámbitos diferentes de la vida de los pueblos:

economía, política, educación, teología, núcleos comunitarios (familia, comités de servicio, organizaciones comunitarias, por ejemplo), pero su desglose sólo sería de una manera sistemática de exponer cada elemento, pues en el pensamiento y en la vida de los pueblos ningún elemento se separa de los demás, la visión integral de la vida y de los problemas cotidianos es una característica fundamental.

CONCLUSIÓN

En una crisis como la que estamos viviendo a nivel planetario los pueblos originarios sin tener la solución para salir de esta coyuntura, pueden aportar mucho para pensar en un momento transmoderno, más allá de la modernidad. En cuestión de políticas públicas, como es el caso del sur de México, la manera de organizarse en comunidad ha evitado el incremento de contagios. Pero no se trata sólo de una cuestión de disciplina para establecer medidas de aislamiento e higiene, sino sobre todo la importancia de mantener su alimentación con lo que se produce localmente; desde luego que hay mucha propaganda y consumo de la comida industrializada pero la imposibilidad de conseguirse tan frecuentemente ha inhibido el consumo, además recientemente se ha publicado una ley local que sanciona la venta de comida chatarra en contextos escolares y una ley nacional que advierte al consumidor los riesgos para su salud.

Mención especial requieren las prácticas curativas que se mantienen en los pueblos originarios. El modo de diagnosticar una enfermedad (incluye lo psíquico, espiritual y fisiológico), su tratamiento y diversificación de hierbas para inducir la cura, además de confrontar al enfermo con su historia en la comunidad. En la mayoría de los pueblos existe la conciencia que es necesaria también la medicina del sistema público, pero hasta ahora existe un déficit considerable debido al abandono que sufrió durante gobiernos neoliberales que tenían como premisa la privatización de todo. Aunque no se ha reconstruido plenamente el sistema público, se está tratando de adecuar conforme las realidades diversas de nuestro país. Es oportuno dialogar críticamente los grandes desafíos actuales y, en ello, los principios de la ética indígena ofrecen un parámetro que nos puede llevar a asumir compromisos urgentes para garantizar la viabilidad de nuestro futuro como humanidad, de otro modo estamos ante una hecatombe mundial. ∎

Alejandro Castillo Morga originario de Oaxaca, México. Laico casado. Bachillerato teológico por el Instituto Franciscano de Filosofía y Teología, Ciudad de México (1990-1996). Licenciatura en Filosofía por la Universidad del Valle de Atemajac, Jalisco (1996-2000). Maestría en Derechos Humanos por la Universidad Iberoamericana, plantel Santa Fe, Ciudad de México (2000-2009). Doctorado en Teología Moral Social por la Universidad "Johannes

Gutenberg" Mainz, Alemania (2012-2015). Experiencia laboral: de 1996 a 1999 Servicio de Justicia y Paz en la Provincia Franciscana del Santo Evangelio de México, Ciudad de México; 1999-2002 Director de Departamento de Justicia y Paz de la Comisión Episcopal de Pastoral Social de la Conferencia del Episcopado Mexicano, Ciudad de México; Colaborador de la Oficina de Justicia y Paz de la Orden de Hermanos Menores, Roma, Italia; 2005-2007, Centro de Estudios Ecuménicos, Ciudad de México; 2008-2010 Servicio de Formación de animadores a nivel nacional de Comunidades Eclesiales de Base, Ciudad de México; 2015 Colaborador en la Defensoría de Derechos Humanos de Oaxaca; 2016 a la fecha Asesor de las Comunidades Eclesiales de Base, Oaxaca y Chiapas, México. Docente en varias universidades de México desde 1996, materias: Análisis de la realidad, Introducción a la Filosofía, Teología Pastoral, Evangelización y Cultura, Educación para la Paz y Derechos Humanos, Ética, Filosofía Política. Desde 2018 coordinador del Centro de Artes y Oficios para los pueblos originarios "Itupa rii - hacer comunidad" (Universidad indígena), Zenzontepec, Oaxaca.

Covid-19 y el Medio-Ambiente: La Casa Común y la Injusticia contra los Pobres

Aníbal Germán Torres

EL AÑO 2020 QUEDARÁ MARCADO en la historia de la humanidad por la pandemia de Covid-19. Con millones de contagiados y más de tres millones de fallecidos a nivel global,[1] el coronavirus ha mostrado su contundencia. Desde 1918 el mundo no se enfrentaba a una crisis sanitaria de tales proporciones. En una conmovedora jornada fría y lluviosa, desde la Plaza de San Pedro, el papa Francisco graficó este tiempo dramático de desconcierto y desolación: "Densas tinieblas han cubierto nuestras plazas, calles y ciudades; se fueron adueñando de nuestras vidas llenando todo de un silencio que ensordece y un vacío desolador que paraliza todo a su paso: se palpita en el aire, se siente en los gestos, lo dicen las miradas. Nos encontramos asustados y perdidos."[2]

Cabe destacar que, como bien lo afirmó Francisco en su encíclica social de 2015, el mundo viene atravesando "[n]o… dos crisis separadas, una ambiental y otra social, sino una sola y compleja crisis socioambiental" (*Laudato Si'*, no. 139). Consideramos que la pandemia de Covid-19 ha agudizado esa crisis, básicamente por el debilitamiento de la cooperación internacional (*Fratelli Tutti*, no. 7). Así, el coronavirus agravó el maltrato a la Casa Común de la humanidad y la injusticia que padecen los pobres[3] y los pueblos pobres. De manera que la potenciación de tal problema tiene fuertes implicancias para la ética social. Esto dado que se ha acentuado la degradación ambiental y la

---

[1] Datos a mayo de 2021; de momento los contagiados superan los 165 millones de personas.

[2] Papa Francisco, *La Vida Después de la Pandemia* (Città del Vaticano: Libreria Editrice Vaticana, 2020), 19.

[3] Muchas de las víctimas del coronavirus son personas pobres, como lo vemos especialmente en América Latina, pero también en otros contextos (como Estados Unidos e India). Sobre esa doble condición de pobreza y enfermedad, vale recordar esta frase de San Pío de Pietrelcina: "¡En cada enfermo está Jesús que sufe! ¡En cada pobre está Jesús que desfallece! ¡En cada enfermo pobre está dos veces Jesús que sufre y desfallece!" Con esta perspectiva mística, el "santo del Gargano", en pleno contexto de la II Guerra Mundial, dio origen a lo que llegaría a ser su gran obra para la salud integral: La Casa Alivio del Sufrimiento (*Casa Sollievo della Sofferenza*).

afectación de la situación de las personas, especialmente de los excluidos, los descartados. Tal es la realidad que golpea, particularmente, a América Latina.

Se nos presentan entonces las siguientes preguntas: ¿Cómo interpretar el momento actual? ¿Cuál es el mejor camino a seguir para salir de la crisis? En este artículo afirmamos, por un lado, la necesidad del discernimiento para poder *leer* la presente coyuntura. Por el otro lado, destacamos la opción por el servicio, en definitiva, por el Reino de Dios. Esto lo haremos a partir de las enseñanzas del papa Francisco, ya que asumimos que él ejerce un liderazgo ético a nivel mundial y es un signo de los tiempos *en persona* (como decía su antiguo profesor, el jesuita argentino Juan Carlos Scannone).

Así, nuestro trabajo se articula de la siguiente manera: primero enfatizaremos la necesidad del discernimiento, viendo qué alternativas se nos presentan; luego, analizaremos desde dónde se discierne (por un lado, el discernimiento desde la *soberbia*, el *puro presente* y el *centro*: que promueve *la división*; por el otro lado, el discernimiento desde la *humildad*, la *memoria* y la *periferia*: que contribuye a *la fraternidad y la amistad social*). Por último, señalaremos cómo salir *mejores* de la crisis del Covid-19, desde la opción ética por el Reino de Dios.[4]

LA NECESIDAD DEL DISCERNIMIENTO

Dado que existen diversas interpretaciones sobre la crisis potenciada por la pandemia del coronavirus, corremos el riesgo de perdernos en discusiones estériles sobre el origen y evolución de la misma, por ejemplo, polemizando sobre los factores explicativos de la actual situación sanitaria. Allí, incluso se han dado desde lecturas que acentúan las implicancias geopolíticas[5] del fenómeno (sin faltar incluso teorías conspirativas), hasta tergiversaciones del análisis desde las creencias religiosas, que apuntaban a una suerte de "castigo divino"[6] (*Fratelli Tuti*, no. 34).

Por eso, para evitar ese riesgo, nos parece importante recuperar la capacidad de discernir la coyuntura actual. Para esto, recordemos lo que enseñaba el jesuita Jorge Mario Bergoglio (antes de ser el papa Francisco) en su breve estudio introductorio a *Las Cartas de la Tribulación*:

---

[4] Este artículo retoma y amplía la exposición realizada en el Coloquio Latinoamericano de Ética Teológica, denominado "Covid-19 y los Retos Éticos en la Región," realizado el 5 de septiembre de 2020. Agradezco especialmente a Alexandre Martins y María Teresa Dávila por la invitación a presentar este artículo, como así también a los y las participantes del Coloquio, por sus comentarios.
[5] Este nivel comprende también a la llamada "geopolítica de las vacunas".
[6] El Papa toma distancia de tales visiones.

[e]n momentos de turbación, en los que la polvareda de las persecuciones, tribulaciones, dudas, etc., es levantada por los acontecimientos culturales e históricos, no es fácil atinar con el camino a seguir… Es verdad que hay lucha de ideas, pero [es preferible] ir a la vida, a la situacionalidad que tales ideas provocan. *Las ideas se discuten, la situación se discierne.*[7]

De manera entonces que, tomando en cuenta este señalamiento bergogliano, más que quedar presos de la "lucha de ideas," tenemos que aplicar el discernimiento a la situación presente (recordemos que el mismo consiste en las etapas del ver, juzgar y actuar, o—dicho en el lenguaje ignaciano—en el sentir, conocer y lanzar o aceptar las mociones—según vengan del mal o del buen espíritu, respectivamente). Es importante mencionar que como Papa, en su magisterio Francisco le da un lugar importante al discernimiento (como se puede comprobar en las exhortación apostólica *Gaudete et Exsultate*, no. 166). Éste constituye un aspecto clave para comprender la ética social que propone.[8] Incluso llegó a decir que el discernimiento es una "gran obra de misericordia espiritual… El discernimiento nos sana de la enfermedad más triste y digna de compasión: la ceguera espiritual, que nos impide reconocer el tiempo de Dios, el tiempo de su visita."[9]

A partir de las consecuencias que viene teniendo el coronavirus a nivel mundial (según decíamos más arriba), no quedan dudas de que se trata de un *tiempo de tribulación* para la humanidad, constituyendo un signo negativo de los tiempos. En este sentido, es interesante tener en cuenta las reflexiones de Francisco en esta coyuntura signada por la pandemia.

Ante todo, si miramos la historia reciente de la Iglesia Católica, queremos destacar que le toca al actual Pontífice estar al mando del timón de la barca de Pedro en una época de tribulación, como les ocurrió particularmente a Benedicto XV y a Pío XII. Estos Papas del siglo XX tuvieron que hacer frente a la I y a la II Guerra Mundial, respectivamente. Pero en este siglo XXI Francisco no enfrenta un conflicto bélico a escala global (al menos en el sentido tradicional del término). A diferencia de muchos líderes políticos y sociales que han hablado de que estamos "en guerra" frente a un "enemigo invisible" (el coro-

---

[7] Jorge Bergoglio, "Introducción," en *Las Cartas de la Tribulación*, de L. Ricci y J. Roothaan (San Miguel: Diego de Torres, 1988), 9 y 11, cursiva en el original.
[8] Juan Carlos Scannone, "La Ética Social del Papa Francisco. El Evangelio de la Misericordia según el Espíritu de Discernimiento," *Teología*, no. 126 (2018): 145–162.
[9] Papa Francisco, "Presentación de los 5 Volúmenes de los *Escritos* del P. Miguel Ángel Fiorito S.I. (1916–2005)," 13 diciembre 2019, vatican.va/content/francesco/es/speeches/2019/december/documents/papa-francesco_20191213_escritos-gesuita-padrefiorito.html.

navirus), el Papa ha preferido usar la figura climática de la "tempestad," como lo expresó en su mensaje extraordinario *Urbi et Orbi* del 27 de marzo de 2020:

> Al igual que a los discípulos del Evangelio, nos sorprendió una tormenta inesperada y furiosa. Nos dimos cuenta de que estábamos en la misma barca, todos frágiles y desorientados; pero, al mismo tiempo, importantes y necesarios, todos llamados a remar juntos, todos necesitados de confortarnos mutuamente. En esta barca, estamos todos… La tempestad desenmascara nuestra vulnerabilidad y deja al descubierto esas falsas y superfluas seguridades con las que habíamos construido nuestras agendas, nuestros proyectos, rutinas y prioridades. Nos muestra cómo habíamos dejado dormido y abandonado lo que alimenta, sostiene y da fuerza a nuestra vida y a nuestra comunidad.[10]

Pero Francisco avanzó más en ayudarnos a discernir el tiempo de pandemia. En este sentido cabe destacar el ciclo de catequesis que desarrolló en los meses de agosto y septiembre, denominado *Sanar el Mundo*. Ya el título de estas reflexiones es interesante, puesto que reconoce que hay una enfermedad (de la cual tenemos que "sanar") y esa sanación no se limita solamente a los y las creyentes (y mucho menos exclusivamente a los miembros de la Iglesia Católica), sino que es para "el mundo," es decir, la Casa Común. Ésta incluye a todas las personas que la habitan (la humanidad en su conjunto) y al medioambiente.

Como buen hijo espiritual de San Ignacio de Loyola, el Papa discierne en la pandemia distintas alternativas, diferentes caminos posibles (aunque no todos llevan a la praxis histórico-salvífica). Dentro de estos observamos que distingue tres tentaciones. En la segunda de las catequesis del ciclo "sanar el mundo," habló de dos de ellas: la indiferencia y el individualismo.[11] En su discurso por el 75º aniversario de la Organización de las Naciones Unidas mencionó una tercera tentación, que alude de lleno a la vida social: el elitismo.[12]

Caer en alguna esas tres tentaciones claramente tiene consecuencias negativas para la Casa Común: la permanencia y el predominio del "paradigma tecnocrático" (denunciado por Francisco).[13] De ahí entonces el carácter problemático de referirse—como hacen muchos

---

[10] Papa Francisco, *La Vida Después de la Pandemia*, 19 y 21.
[11] Papa Francisco, *Sanar el Mundo. Catequesis Sobre la Pandemia* (Città del Vaticano: Libreria Editrice Vaticana, 2020), 29.
[12] Papa Francisco, "Videomensaje del Santo Padre Francisco con Ocasión de la 75 Asamblea General de las Naciones Unidas," 25 septiembre 2020, vatican.va/content/francesco/es/messages/pont-messages/2020/documents/papa-francesco_20200925_videomessaggio-onu.html.
[13] Francisco, *Laudato Si'*, no. 106.

líderes mundiales—a la "nueva normalidad," dado que ésta puede conservar muchos de los rasgos que llevaron a la humanidad a padecer la crisis socio-ambiental. Por eso, haciendo una crítica que toca el plano geopolítico (particularmente al accionar de los Gobiernos y su falta de cooperación en el plano internacional), Francisco señala:

> Más allá de las diversas respuestas que dieron los distintos países, se evidenció la incapacidad de actuar conjuntamente. A pesar de estar hiperconectados, existía una fragmentación que volvía más difícil resolver los problemas que nos afectan a todos. Si alguien cree que sólo se trataba de hacer funcionar mejor lo que ya hacíamos, o que el único mensaje es que debemos mejorar los sistemas y las reglas ya existentes, está negando la realidad (*Fratelli Tutti*, no. 7).

Además de desenmascarar los engaños que también se presentan bajo apariencia de bien (*sub angelo lucis*), en su lectura discerniente del signo (negativo) de este tiempo (la pandemia de Covid-19), el Papa destaca cuál es la opción ética, la elección acertada a seguir: el servicio al Reino de Dios "que Jesús mismo nos da….Un Reino de sanación y de salvación que está ya presente en medio de nosotros….Un Reino de justicia y de paz que se manifiesta con obras de caridad, que a su vez aumentan la esperanza y refuerzan la fe…"[14]

A diferencia de lo que sugieren las tres tentaciones señaladas, Francisco vincula la actitud servicial con la *armonía*. Ésta no tiene que ver con "la lógica del dominio, de dominar a los otros." Por el contrario, "[l]a armonía es otra cosa: es el servicio."[15] Contrastando la armonía (servicio) con dos de las tentaciones ya referidas, el Papa señala:

> Como discípulos de Jesús no queremos ser indiferentes ni individualistas, estas son las dos actitudes malas contra la armonía. Indiferente: yo miro a otro lado. Individualistas: mirar solamente el propio interés. La armonía creada por Dios nos pide mirar a los otros, las necesidades de los otros, los problemas de los otros, estar en comunión. Queremos reconocer la dignidad humana en cada persona, cualquiera que sea su raza, lengua o condición. La armonía te lleva a reconocer la dignidad humana, esa armonía creada por Dios, con el hombre en el centro… Esta renovada conciencia de la dignidad de todo ser humano tiene serias implicaciones sociales, económicas y políticas.[16]

Notamos que optar por el servicio, en clave de armonía, tiene consecuencias positivas para la Creación: "[Dios] nos ha donado una dignidad única, invitándonos a vivir en comunión con Él, en comunión

---

[14] Papa Francisco, *Sanar el Mundo*, 19.
[15] Papa Francisco, *Sanar el Mundo*, 29.
[16] Papa Francisco, *Sanar el Mundo*, 29–30.

con nuestras hermanas y nuestros hermanos, en el respeto de toda la Creación. En comunión, en armonía, podemos decir. La Creación es una armonía en la que estamos llamados a vivir."[17]

Es desde allí que, como canta el coro en el célebre Oratorio *La Creación*, de Franz Joseph Haydn (1798), "un nuevo mundo surge por la palabra de Dios." Es decir, según entendemos, es optando por el servicio a los demás, desde una visión de armonía, lo que posibilitará que surja el "nuevo mundo" de la postpandemia, un mundo mejor. Se trata de una opción a la que están llamadas las personas, las comunidades y las instituciones.

DESDE DÓNDE DISCERNIR

Así cómo expresamos la necesidad del discernimiento, referimos seguidamente desde qué posiciones, más aún qué actitudes existenciales, se puede discernir. Por un lado, es posible el discernimiento desde la *soberbia*, el *puro presente* (dado que los ídolos no tienen historia) y el *centro* (geográfico y vivencial): esto termina generando *división* y contribuye a la *cultura del descarte*.

Según nuestra opinión, en línea con la enseñanza de Francisco, así discierne el *homo œconomicus*. Éste, en palabras del Papa, es "individualista, calculador y dominador."[18] Esa lógica egoísta termina agravando la fragmentación social y la cultura del descarte, acrecentando la degradación tanto de las personas (sobre todo de los pobres) como del medio-ambiente. Como no se piensa en términos de Casa Común, hay que actuar: "Cuando la obsesión por poseer y dominar excluye a millones de personas de los bienes primarios; cuando la desigualdad económica y tecnológica es tal que lacera el tejido social; cuando la dependencia de un progreso material ilimitado amenaza la Casa Común, entonces no podemos quedarnos mirando."[19]

Si profundizamos en la injusticia hacia los pobres (y los pueblos pobres), veremos que Francisco discierne dos males que aquejan a la humanidad: uno—el más evidente—es la pandemia de Covid-19, que viene captando la atención de los y las líderes mundiales y de la prensa hegemónica. El otro es el virus de la injusticia social, algo que muchos (sobre todo los poderosos) prefieren ignorar e incluso invisibilizar. Pero, de manera muy lúcida, el Papa le da especial relevancia y desenmascara los análisis engañosos. De ahí su señalamiento según el cual

> la respuesta a la pandemia es doble. Por un lado, es indispensable encontrar la cura para un virus pequeño pero terrible, que pone de rodillas a todo el mundo. Por el otro, tenemos que curar un gran virus, el

---

[17] Papa Francisco, *Sanar el Mundo*, 28.
[18] Papa Francisco, *Sanar el Mundo*, 47.
[19] Papa Francisco, *Sanar el Mundo*, 47–48.

de la injusticia social, de la desigualdad de oportunidades, de la marginación y de la falta de protección de los más débiles. En esta doble respuesta de sanación hay una elección que, según el Evangelio, no puede faltar: es la opción preferencial por los pobres. Y esta no es una opción política; ni tampoco una opción ideológica, una opción de partidos. La opción preferencial por los pobres está en el centro del Evangelio. Y el primero en hacerlo ha sido Jesús...[20]

De perseverar en la lógica egoísta del *homo œconomicus*, lo que se tiene en definitiva es un reforzamiento—por la pandemia y por la injusticia—de la pirámide social tradicional: es decir, aquella estructura donde los más beneficiados son las élites poderosas que están en la cúspide de la sociedad, mientras debajo hay una mayoría de excluidos, de descartados, que conforman la base de la pirámide. Tal la situación en la que nos encontramos (particularmente en América Latina), a partir de una visión inhumana (e ideologizada) de la economía, como lo da a entender Francisco en su segunda encíclica social, firmada en 2020 ante la tumba del *poverello* de Asís:

> El mundo avanzaba de manera implacable hacia una economía que, utilizando los avances tecnológicos, procuraba reducir los "costos humanos," y algunos pretendían hacernos creer que bastaba la libertad de mercado para que todo estuviera asegurado. Pero el golpe duro e inesperado de esta pandemia fuera de control obligó por la fuerza a volver a pensar en los seres humanos, en todos, más que en el beneficio de algunos (*Fratelli Tutti*, no. 33).

Por eso el Papa nos invita a invertir la perspectiva, a discernir la situación presente "a partir del amor de Dios, poniendo las periferias en el centro y a los últimos en primer lugar."[21]

De manera entonces que, por otro lado, es posible hacer un discernimiento desde la *humildad*, la *memoria* (recordando con gratitud lo que Dios he hecho por cada uno de nosotros y por cada pueblo) y la *periferia* (geográfica y existencial): esto termina generando *fraternidad* y *amistad social*, y contribuye a *la cultura del cuidado*. Según nuestra opinión, esta es la perspectiva discerniente que Francisco nos invita a asumir, desde la ética social que brota del Evangelio vivo de Jesús.

A diferencia de la perspectiva mencionada más arriba, aquí el sujeto que discierne ya no es el *homo œconomicus*. Se trata de hombres y mujeres que, "creados a imagen y semejanza de Dios," son "seres sociales, creativos y solidarios, con una inmensa capacidad de

---

[20] Papa Francisco, *Sanar el Mundo*, 35–36.
[21] Papa Francisco, *Sanar el Mundo*, 41.

amar."²² Podemos agregar que, desde una perspectiva antropológica trinitaria, positiva, son seres que están en armonía (consigo mismo, con los demás, con la Creación y con el Creador), al reconocerse como hijos e hijas de Dios.

Es desde esta segunda perspectiva discerniente desde donde se tiene una *consonancia* con el postulado ético que el Papa lanzó en aquella jornada extraordinaria del 27 de marzo de 2020, y retomó al poco tiempo: "Si algo hemos podido aprender en todo este tiempo, es que nadie se salva solo. Las fronteras caen, los muros se derrumban y todos los discursos integristas se disuelven ante una presencia casi imperceptible que manifiesta la fragilidad de la que estamos hechos."²³

Así, al tener clara conciencia de que no nos salvamos solos, las personas, las comunidades y las instituciones pueden contribuir a cimentar la *cultura del cuidado*, a partir de adoptar el paradigma de la *ecología integral*. Éste conlleva no sólo la protección del ambiente sino también la justicia hacia los pobres y la justicia intergeneracional (*Laudato Si'*, no. 159).

Al comienzo del ciclo de sus catequesis sobre "sanar el mundo," el Papa aclaró los diferentes grados de responsabilidad a la hora de encontrar soluciones para la pandemia, sin dejar de mencionar la cooperación que se puede brindar desde la Iglesia para "preparar el futuro que necesitamos." En este sentido, expresó:

> La Iglesia, aunque administre la gracia sanadora de Cristo mediante los Sacramentos, y aunque proporcione servicios sanitarios en los rincones más remotos del planeta, no es experta en la prevención o en el cuidado de la pandemia. Y tampoco da indicaciones socio-políticas específicas. Esta es tarea de los dirigentes políticos y sociales. Sin embargo, a lo largo de los siglos, y a la luz del Evangelio, la Iglesia ha desarrollado algunos principios sociales que son fundamentales, principios que pueden ayudarnos a ir adelante, para preparar el futuro que necesitamos.²⁴

Nos hará bien repasar junto con Francisco esos principios para orientar éticamente—sobre todo el accionar de los y las líderes mundiales—en la preparación del mundo de la postpandemia:

> el principio de la dignidad de la persona, el principio del bien común, el principio de la opción preferencial por los pobres, el principio de la destinación universal de los bienes, el principio de la solidaridad, de la subsidiariedad, el principio del cuidado de nuestra Casa Común. Estos principios ayudan a los dirigentes, los responsables de la sociedad a llevar adelante el crecimiento y también, como en este caso de

---

²² Papa Francisco, *Sanar el Mundo*, 47.
²³ Papa Francisco, *La Vida Eespués de la Pandemia*, 48.
²⁴ Papa Francisco, *Sanar el Mundo*, 22.

pandemia, la sanación del tejido personal y social. Todos estos principios expresan, de formas diferentes, las virtudes de la fe, de la esperanza y del amor.[25]

Cabe destacar un agregado importante que hace el Papa al enunciar tales principios, adicionando el "cuidado de la Casa Común." Este es un aporte del actual Pontífice. Si nos remitimos al *Compendio de la Doctrina Social de la Iglesia*, de 2005, allí no figura tal principio directamente vinculado con la ecología integral.

Antes de pasar al último apartado, queremos señalar por qué el discernimiento realizado desde la *humildad*, la *memoria* y la *periferia* termina generando *fraternidad y amistad social*. Esto lo podemos representar con la figura de la "pirámide invertida." Se trata de la aplicación al campo social y político—según sostiene Codina—de la figura geométrica que el Papa señaló respecto a la Iglesia, por ejemplo en el discurso de conmemoración del 50° aniversario de la institución del Sínodo de los Obispos.[26]

Respecto a las implicaciones eclesiológicas de esa metáfora, Codina explica:

…la originalidad de Francisco consiste en afirmar que la Iglesia ha de ser una pirámide invertida, con el Pueblo de Dios en la cúspide y los Obispos y el Papa abajo, a su servicio, como Jesús que vino a servir y no a ser servido. Es una crítica al centralismo patriarcal y jerárquico, al recalcitrante clericalismo y una invitación a escucharse y dialogar entre todos los miembros de la Iglesia, ya que todos caminamos conjuntamente hacia el Reino de Dios.[27]

Más aún, dicho autor señala: "El Reino de los cielos es también como una pirámide invertida. Dichosos los que no se escandalizan de

---

[25] Papa Francisco, *Sanar el Mundo*, 22–23.
[26] Dijo allí el Papa: "Jesús ha constituido la Iglesia poniendo en su cumbre al Colegio apostólico, en el que el apóstol Pedro es la 'roca' (Mateo 16:18), aquel que debe 'confirmar' a los hermanos en la fe (Lucas 22:32). Pero en esta Iglesia, como en una pirámide invertida, la cima se encuentra por debajo de la base. Por eso, quienes ejercen la autoridad se llaman 'ministros': porque, según el significado originario de la palabra, son los más pequeños de todos. Cada Obispo, sirviendo al Pueblo de Dios, llega a ser para la porción de la grey que le ha sido encomendada, *vicarius Christi*, vicario de Jesús, quien en la Última Cena se inclinó para lavar los pies de los apóstoles (Juan 13:1–15). Y, en un horizonte semejante, el mismo Sucesor de Pedro es el *servus servorum Dei*." En Papa Francisco, "Conmemoración del 50 Aniversario de la Institución del Sínodo de los Obispos," 17 octubre 2015, vatican.va/content/francesco/es/speeches/2015/october/documents/papa-francesco_20151017_50-anniversario-sinodo.html.
[27] Víctor Codina, "Dos Nuevas Parábolas: El Poliedro y la Pirámide Invertida," *Amerindia*, amerindiaenlared.org/contenido/13547/dos-nuevas-parabolas-el-poliedro-y-la-piramide-invertida/.

ello y lo ponen en práctica."[28] En cuanto la aplicación de esa figura geométrica al ámbito de la sociedad y la política, dice el mismo autor: "La pirámide invertida es una invitación a escuchar al pueblo, a oír a los que ordinariamente están abajo, a buscar el bien común y a no convertir la política en provecho de los dirigentes."[29] Nosotros complementamos esto diciendo que quienes "ordinariamente están abajo" son los excluidos, los descartados, *los más pobres de los pobres* (como les llamaba la Madre Teresa de Calcuta, desde el corazón del Tercer Mundo),[30] cuyas voces (muchas veces ruidosas y otras silenciadas) no suelen ser tenidas en cuenta por las elites políticas y económicas, afectando el funcionamiento de las democracias.

De ahí entonces que urge discernir pensando desde las *periferias*, con una actitud *humilde* y *memoriosa*. Sólo así se encontrará una solución en clave de *fraternidad* y *amistad social*, que tienda a solucionar la crisis socio-ambiental que la pandemia del coronavirus agudizó.

SALIR MEJORES DE LA CRISIS DEL COVID-19, OPTAR POR EL REINO DE DIOS

En los apartados precedentes, por un lado, enfatizamos la necesidad del discernimiento de la actual coyuntura que atraviesa la humanidad. Una lectura discerniente de la pandemia del Covid-19 nos permite calificar a la misma como un signo negativo de este tiempo, que agudizó la crisis socio-ambiental que ya advirtiera Francisco en *Laudato Si'*. Por otro lado, destacamos la relevancia de invertir la perspectiva desde la cual se discierne, superando la lógica egoísta del *homo œconomicus* y asumiendo el postulado ético de que "nadie se salva solo."

Para completar el discernimiento tenemos que considerar el plano de la praxis (en clave histórico-salvífica), de ahí que volvemos ahora sobre la mejor opción a seguir para superar la crisis. Ya adelantamos que desde la óptica del Papa hay que sortear tres tentaciones que se presentan en la actual coyuntura: la indiferencia, el individualismo y el elitismo. Asimismo, dijimos que Francisco propone optar por el servicio, entendido como armonía. Asumimos que—a partir de tal lectura discerniente—este es el camino correcto a seguir, según la ética social católica.

---

[28] Codina, "Dos Nuevas Parábolas."
[29] Codina, "Dos Nuevas Parábolas."
[30] Al igual que el Papa Francisco, la Santa de Calcuta veía en esos pobres una *grandeza* especial: su solidaridad, dignidad y entereza ante la adversidad y el sufrimiento. Ella aludía muchas veces a "la grandeza de nuestra gente", como lo dijo en su famoso discurso al recibir el Premio Nobel de la Paz (1979). Es interesante que el escritor Víctor Hugo, a través del personaje de Jean Valjean (considerado un "miserable"), también mostrara esa *grandeza* de los pobres en su gran novela *Los Miserables* (1862).

Pero al reparar en la elección acertada, enfatizamos aquí que se trata de *elegir lo mejor*. Esto en sí mismo supone una de las dos posibles elecciones a realizar (porque optar por alguna de las tres tentaciones referidas, consiste al fin de cuentas en optar por *lo peor*). En este sentido, veamos qué expone el Papa respecto a los caminos que pueden seguirse a nivel social y geopolítico, interpelando particularmente a los y las líderes mundiales:

> La pandemia nos llama, de hecho, "a tomar este tiempo de prueba como un momento de elección…: el tiempo para elegir entre lo que cuenta verdaderamente y lo que pasa, para separar lo que es necesario de lo que no lo es." Puede representar una oportunidad real para la conversión, la transformación, para repensar nuestra forma de vida y nuestros sistemas económicos y sociales, que están ampliando las distancias entre pobres y ricos, a raíz de una injusta repartición de los recursos. Pero también puede ser una posibilidad para una "retirada defensiva" con características individualistas y elitistas. Nos enfrentamos, pues, a la elección entre uno de los dos caminos posibles: uno conduce al fortalecimiento del multilateralismo, expresión de una renovada corresponsabilidad mundial, de una solidaridad fundamentada en la justicia y en el cumplimiento de la paz y de la unidad de la familia humana, proyecto de Dios sobre el mundo; el otro, da preferencia a las actitudes de autosuficiencia, nacionalismo, proteccionismo, individualismo y aislamiento, dejando afuera los más pobres, los más vulnerables, los habitantes de las periferias existenciales. Y ciertamente será perjudicial para la entera comunidad, causando autolesiones a todos. Y esto no debe prevalecer.[31]

Optar por *el mejor* camino tiene como consecuencia el cuidado de la Creación y la justicia social. A esto alude Francisco cuando refiere la actual disyuntiva que se nos presenta, en particular, a los cristianos y las cristianas:

> Nosotros estamos viviendo una crisis. La pandemia nos ha puesto a todos en crisis. Pero recordad: de una crisis no se puede salir iguales, o salimos mejores, o salimos peores. Esta es nuestra opción. Después de la crisis, ¿seguiremos con este sistema económico de injusticia social y de desprecio por el cuidado del ambiente, de la Creación, de la Casa Común? Pensémoslo. Que las comunidades cristianas del siglo XXI puedan recuperar esta realidad—el cuidado de la Creación y la justicia social: van juntas—dando así testimonio de la Resurrección del Señor. Si cuidamos los bienes que el Creador nos dona, si ponemos en común lo que poseemos de forma que a nadie le falte, entonces

---

[31]Papa Francisco, "Videomensaje."

realmente podremos inspirar esperanza para regenerar un mundo más sano y más justo.[32]

Como vemos, se trata de un llamado no sólo a nivel personal sino—sobre todo—también comunitario. Entendemos que tal interpelación también se dirige a las instituciones, en el sentido de que la pandemia se puede revelar como una oportunidad propicia para poner en práctica en la Iglesia, pero también en la sociedad y en la política, el modelo de la pirámide invertida.

En definitiva, la opción correcta es elegir el Reino de Dios. Esta elección, con sus fuertes implicancias comunitarias e institucionales, comienza desde el servicio que, en una praxis histórico-salvífica, está llamado a brindar cada cristiano y cada cristiana. Así, "[o]jalá que tanto dolor no sea inútil, que demos un salto hacia una forma nueva de vida y descubramos definitivamente que nos necesitamos y nos debemos los unos a los otros, para que la humanidad renazca con todos los rostros, todas las manos y todas las voces, más allá de las fronteras que hemos creado."[33]

Que cada uno de nosotros tome muy en cuenta lo que nos decía poéticamente Pedro Casaldáliga, gran pastor y profeta de América Latina, quien optó a fondo por la justicia para los pobres y el cuidado de la Casa Común:

> Nunca te canses de hablar del Reino,
> nunca te canses de hacer el Reino,
> nunca te canses de discernir el Reino,
> nunca te canses de acoger el Reino,
> nunca te canses de esperar el Reino.[34]

ANÍBAL GERMÁN TORRES es Doctor en Ciencia Política. Es profesor en la Pontificia Universidad Católica Argentina (UCA), en la Universidad Nacional de Rosario (UNR) y en la Universidad Nacional de San Martín (UNSAM), de Argentina. Es miembro del Grupo "Monseñor Gerardo Farrell" sobre pensamiento social de la Iglesia, del Grupo de Trabajo CLACSO "El Futuro del Trabajo y el Cuidado de la Casa Común," y de la red de eticistas *Catholic Theological Ethics in the World Church* (CTEWC). Ha participado en formación de los laicos, en los encuentros organizados por el CELAM en Argentina, Perú y El Salvador.

---

[32] Papa Francisco, *Sanar el Mundo*, 48–49.
[33] Francisco, *Fratelli Tutti*, no. 35.
[34] Pedro Casaldáliga, *Fuego y ceniza al viento. Antología espiritual* (Santander: Sal Terrae, 1984), 12.

La Fe, la Iglesia y el Compromiso Ético en el Contexto de la Pandemia

Olga Consuelo Vélez

DESCRIPCIÓN

EN ESTOS TIEMPOS DE PANDEMIA AFRONTAR preguntas fundamentales cómo la realidad de Dios, de Iglesia, de ser humano, de libertad, de compromiso ético es una manera de asumir el tiempo presente e iluminarlo con respuestas pertinentes. Este es el objetivo de estas reflexiones.

INTRODUCCIÓN

La pandemia ha sido una realidad que ha afectado globalmente y, como dijo el papa Francisco el pasado 27 de marzo en la plaza de San Pedro, bajo la lluvia fuerte y en completa soledad, todos vamos en la misma barca, con el mismo peligro de hundirnos, pero también con la posibilidad de salvarnos si remamos juntos:

> Desde hace algunas semanas parece que todo se ha oscurecido. Densas tinieblas han cubierto nuestras plazas, calles y ciudades….Nos encontramos asustados y perdidos. Al igual que los discípulos del Evangelio, nos sorprendió una tormenta inesperada y furiosa. Nos dimos cuenta de que estábamos en la misma barca, todos frágiles y desorientados; pero, al mismo tiempo, importantes y necesarios, todos llamados a remar juntos, todos necesitados de confortarnos mutuamente….La tempestad desenmascara nuestra vulnerabilidad y deja el descubierto esas falsas y superfluas seguridades con las que habíamos construido nuestras agendas, nuestros proyectos, rutinas y prioridades….La tempestad pone al descubierto todos los intentos de encajonar y olvidar lo que nutrió el alma de nuestros pueblos; todas esas tentativas de anestesiar con aparentes rutinas 'salvadoras', incapaces de apelar a nuestra raíces y evocar la memoria de nuestros ancianos, privándonos así de la inmunidad necesaria para hacerle frente a la adversidad. Con la tempestad se cayó el maquillaje de esos estereotipos con los que disfrazábamos nuestros egos siempre pretenciosos de querer aparentar y dejó al descubierto, una vez más, esa (bendita) pertenencia común de la que no podemos ni queremos evadirnos; esa pertenencia de hermanos….En nuestro mundo, que tú amas más que nosotros, hemos avanzado rápidamente, sintiéndonos fuertes y capaces de todo. Codiciosos de ganancias, nos hemos dejado absorber por lo material y trastornar por la prisa. No nos hemos detenido ante

tus llamadas, no nos hemos despertado ante guerras e injusticias del mundo, no hemos escuchado el grito de los pobres y de nuestro planeta gravemente enfermo. Hemos continuado imperturbables, pensando en mantenernos siempre sanos en un mundo enfermo. El Señor nos interpela y, en medio de la tormenta, nos invita a despertar y a activar esa solidaridad y esperanza capaz de dar solidez, contención y sentido a estas horas donde todo parece naufragar.[1]

Estas palabras del papa siguen vigentes para nuestro hoy e invitan "a no continuar imperturbables" sino a reflexionar profundamente lo que develó la pandemia y lo que se ha de realizar a partir de ella. Hacer algunas anotaciones a nivel de la fe y el compromiso ético es el objetivo del presente escrito. Por supuesto, ninguna de las afirmaciones tiene pretensión de ser la única palabra sobre ese tópico porque cualquier propuesta amerita muchas matizaciones. Pero al menos pretenden hacer pensar y, tal vez, emprender caminos más apropiados para responder a las cuestiones planteadas.

La Vulnerabilidad Humana, el Ejercicio de la Libertad y la Pregunta por Dios

La experiencia del coronavirus nos confrontó con la limitación y fragilidad humana en el contexto de la modernidad/posmodernidad, contexto deudor de una mentalidad de dominio científico y poder global. En un instante, la humanidad tuvo que confinarse para protegerse del virus y solo quedó la búsqueda intensa de una vacuna para lograr detener la pandemia. Hoy se asoman esperanzas por la consecución de varias vacunas, pero queda el desafío de su aplicación y efectividad que solo será posible palparlo con el paso del tiempo.

Esta situación ha llevado a experimentar la contingencia de un modo nuevo, singular, extremo y ha surgido, una vez más, la pregunta de la teodicea: ¿cómo Dios permite estos sucesos negativos siendo bueno y todopoderoso? En esta ocasión, esta pregunta no se refiere a las catástrofes naturales o a las atrocidades producidas por el ser humano. Esta vez se trata de lo que filosóficamente se llama un suceso contingente, es decir, un suceso no necesario en virtud de una ley natural, pero posible. Ha ocurrido algo que no es necesario, pero evidentemente posible, algo que nos ocurre, nos pasa y nos afecta. Por eso también nos preguntamos: ¿cómo podemos los seres humanos hacer frente a esta y otras muchas formas de contingencia inevitable de la realidad y de la vida? ¿Qué papel juega Dios en esta realidad? Estas

---

[1] Papa Francisco, "Momento Extraordinario de Oración en Tiempos de Epidemia Presidido por el Santo Padre Francisco. Atrio de la Basílica de San Pedro," 27 mar. 2020, www.vatican.va/content/francesco/es/homilies/2020/documents/papa-francesco_20200327_omelia-epidemia.html.

no son preguntas abstractas sino existenciales, concretas y que alcanzan también lo político, lo ético y lo eclesial.[2]

Dios es el fundamento último de todo ser; está presente en todo lo que es y lo que sucede, pero al mismo tiempo está por encima de todo y respeta la autonomía de lo creado. Por ello es imposible atribuir a Dios el origen de estas contingencias naturales y menos hablar de ellas como "pruebas" o "castigos divinos." Solo queda el misterio de la encarnación—"Y la Palabra se hizo carne y habitó entre nosotros"— (Juan 1: 14) como una respuesta razonable en la que el ser humano ha de vivir la confianza absoluta en el Dios que "conoce todas sus sendas" (Salmo 139) pero que, al mismo tiempo, le llama a poner todas sus capacidades en la búsqueda y superación de las realidades que se le presentan. Dios, por tanto, no es el todopoderoso que dirige desde fuera la historia sino el amor hecho ser humano que sostiene el devenir del mundo a través de nuestra libertad y responsabilidad.

Las teologías latinoamericanas, sintiendo la pobreza del continente encontraron una nueva forma de hablar sobre Dios. Ante esa realidad de violencia e injusticia generalizada, Dios no guarda silencio frente al dolor y al sufrimiento humano, sino que se encarna y entra en ese dolor, asumiendo la vulnerabilidad de la criatura. Sufre en su carne el dolor de las víctimas, abrazando su sufrimiento desde dentro, revelándose como amor y pidiendo una respuesta.[3]

De ahí que la fe, respuesta del ser humano a ese amor de Dios que sale a su encuentro, no consiste, en primera instancia, en el asentimiento de las verdades reveladas sino en la respuesta comprometida con su historia, en la que Dios se revela en "hechos y palabras" (*Dei Verbum*, no. 2) y en la que los seres humanos pueden amarle: "lo que hiciste a uno de estos hermanos míos más pequeños a mí me lo hiciste" (Mateo 25: 40); "quien no ama a su hermano a quien ve, no puede amar a Dios a quien no ve" (1 Juan 4: 20). En otras palabras, por el misterio de la encarnación Dios no se aleja del mundo, sino que desde dentro sostiene y anima el actuar humano, confiando en que la humanidad actúe conforme su designio y haga posible el reino de Dios inaugurado por Jesús (Lucas 4: 18-20). La fe se hace compromiso ético y solo de esa forma es creíble.

Además, la pandemia no sólo ha evidenciado la fragilidad humana, sino que también ha afectado la libertad personal y social: "Derechos humanos fundamentales tales como la libertad de movimientos, el

---

[2] Walter Kasper, "El Coronavirus Como Interrupción: Suspensión y Salida," *Dios en la Pandemia. Ser Cristianos en Tiempos de Prueba*, ed. W. Kasper y G. Augustin (Santander: Sal Terrae, 2020), 13–17.
[3] Para profundizar en estas afirmaciones Cfr. Gustavo Gutiérrez, *Hablar de Dios Desde el Sufrimiento del Inocente* (Salamanca: Sígueme, 1995); Johann Baptist Metz, *Memoria Passionis: Una Evocación Provocadora en una Sociedad Pluralista* (Santander: Sal Terrae, 2007).

contacto personal y la libertad de reunión son restringidos hasta el mínimo absolutamente necesario y lo que no es menos importante, se prohíbe el ejercicio público colectivo de la religión en la forma anterior. Hasta ahora, esto solamente se ha visto en los Estados totalitarios, pero hoy pasa en Estados liberales y la grandísima mayoría de los ciudadanos que están en la situación extraordinaria, pese a algunas quejas, lo consideran razonable, lo asumen y lo cumplen."[4] La pandemia confronta entonces aquellos valores subjetivos que creíamos inamovibles y abre a una apuesta por el bien común previo a cualquier interés personal.

ALGUNAS REFLEXIONES ECLESIALES A LA LUZ DEL CORONAVIRUS

Entre las muchas consecuencias que trajo el coronavirus están las que afectan al ámbito eclesial. La seguridad de sus proyectos pastorales, de su financiación económica, de su protagonismo y relevancia en el seno del pueblo de Dios quedaron detenidos, afectados, cuestionados. Como algo impensable e inimaginable, los templos se cerraron y no se pudo celebrar la Pascua. Hasta hoy, no se han podido celebrar eucaristías con el aforo pleno y es muy posible que esto se prolongue por un tiempo más. Tampoco se han podido celebrar los otros sacramentos, ni se ha podido llevar a cabo la catequesis y muchas otras actividades pastorales. El clero, la vida religiosa y el laicado se han visto afectados por la interrupción de lo que constituía "normalmente" la vida cristiana. Especialmente las parroquias, dependientes en gran parte de los estipendios, se están viendo con muchas dificultades para su sostenimiento, lo mismo que muchas otras obras apostólicas.

Frente a todo esto la creatividad y la solidaridad no se hicieron esperar. Ante la imposibilidad de celebraciones en los templos, los medios de comunicación y redes sociales han prestado un servicio definitivo y ha sido una manera necesaria y apropiada para seguir animando a la comunidad eclesial y la puesta en acto de su fe. Además, ha sido notoria la capacidad de servicio, ayuda y solidaridad social que diversos organismos eclesiales han desplegado a lo largo de estos meses para salir al paso de las necesidades de muchas personas, incluidas las mismas obras de la iglesia.

Sin embargo, en una reflexión más detenida surgen algunos interrogantes que conviene asumir para poner en práctica aquello de "interpretar los signos de los tiempos" (*Gaudium et Spes,* no. 4) y mantener la vitalidad de una iglesia que se sabe en camino, siempre con deseos de crecer y dar un testimonio más fiel del proyecto del Reino. En este horizonte es que formulamos las siguientes cuestiones.

---

[4] Kasper, "El Coronavirus Como Interrupción: Suspensión y Salida," 12–13.

LA IGLESIA COMO PUEBLO DE DIOS, COMO COMUNIDAD

Vaticano II nos recuerda que "el Hijo de Dios, encarnado en la naturaleza humana, nos redimió y nos constituyó místicamente como su cuerpo, comunicándonos su Espíritu. La vida de Cristo en este cuerpo se comunica a los creyentes, que se unen misteriosa y realmente por medio de los sacramentos a Cristo....En la fracción del pan eucarístico, participando realmente del Cuerpo del Señor, nos elevamos a una comunión con Él y entre nosotros mismos. Siendo un solo el pan, todos formamos un solo cuerpo....Así, todos nosotros quedamos hechos miembros de su Cuerpo, pero cada uno es miembros del otro" (*Lumen Gentium,* 7). Más aún, "Quiso, sin embargo, el Señor santificar y salvar a los hombres no individualmente y aislados entre sí, sino constituirlos en un pueblo que le conociera en la verdad y le sirviera santamente....Tiene por ley el mandato nuevo de amar como el mismo Cristo nos amó. Tiene últimamente como fin la dilatación del Reino de Dios, incoado por el mismo Dios en la tierra, hasta que sea consumado también por El mismo al fin de los tiempos, cuando se manifieste Cristo, nuestra vida" (*Lumen Gentium,* no. 9).

Este proyecto de iglesia como pueblo de Dios, como comunidad, se vio interrumpido "externamente" por el coronavirus. Especialmente por la imposibilidad de celebrar el sacramento de la Eucaristía. Pero precisamente esta circunstancia nos confronta con la vivencia de comunidad que tiene el pueblo de Dios. La comunidad no se constituye por la reunión "física" de fieles sino por el compartir los mismos significados y valores. De hecho "Una comunidad no es solamente un número de hombres que viven dentro de unas fronteras geográficas. Es la realización de una significación común de diversos género y grados de realización....La significación común se realiza por medio de decisiones y elecciones; especialmente por la dedicación permanente: en el amor que hace las familias, en la lealtad que hace los Estados, en la fe que edifica las religiones. La comunidad se cohesiona o se divide, comienza o termina, precisamente cuando comienzan o terminan el campo común de experiencia, la comprensión común, el juicio común, los compromisos comunes."[5] No hay que olvidar que el cristianismo ha vivido momentos de persecución en los que supo mantenerse por esa comunión de fe, esperanza y amor. En el caso del coronavirus no se está atacando a la fe o a la iglesia—como algunos pretendieron hacerlo creer ante las medidas de cuarentena—pero si es una circunstancia que pone a prueba la cohesión de la comunidad cristiana, del amor fraterno/sororal que ha de superar con creces el encuentro físico.

Pero otras realidades salieron a la luz ante la dificultad de reunirse físicamente. ¿Cómo está constituida la comunidad? ¿quién tiene el

---

[5] Bernard Lonergan, *Método en Teología* (Salamanca: Sígueme, 2006), 82.

protagonismo? ¿Qué vivencia de corresponsabilidad se vive en la iglesia? Frente a esto se pudo ver el protagonismo que todavía tiene el clero—que lamentablemente está muy cercano al "clericalismo" que tanto ha criticado el papa Francisco. Por supuesto que las iniciativas de celebraciones por redes sociales fueron necesarias, pero también se prestó a excesos de protagonismo clerical por la superabundancia de propuestas en las que era difícil discernir si el centro era el misterio que se celebraba o el presbítero que conducía todo. Incluso ese mismo protagonismo clerical por las redes, mantuvo la situación de pasividad o de espectador que acompaña, muchas veces, al laicado, inclusive en la celebración presencial de los sacramentos.

No faltaron las iniciativas de la "iglesia doméstica" en el seno de muchas familias. Pero no ha sido una vivencia determinante. Esto denota la poca formación que aún tiene el laicado, porque para muchos el no poder ir al templo, significa quedarse en la orfandad—sin clero—y revela la incapacidad de cuidar su propia fe y la de su familia.

En otras palabras, valorando todo lo positivo que se ha podido vivir en este tiempo, queda la reflexión ulterior de la formación que se tiene actualmente sobre la comunidad eclesial y es legítimo preguntarse, si se han dado pasos efectivos de corresponsabilidad por parte de todos los miembros. Es hora de dejar el clericalismo que dirige, ordena, manda, convoca, decide, proyecta, organiza, etcétera, y pasar a la experiencia de un laicado adulto que sabe responder por su fe y vive una experiencia de corresponsabilidad eclesial. Dicho de otro modo, la sinodalidad[6] que debería caracterizar la vida eclesial, aún está por estrenarse para que, en tiempos de abundancia o escasez, todo el pueblo de Dios sepa vivir y actuar como iglesia.

LA IGLESIA POBRE Y PARA LOS POBRES

El papa Francisco desde el inicio de su pontificado ha querido una "iglesia pobre y para los pobres" (*Evangelii Gaudium*, no. 198). El coronavirus ha afectado las finanzas de la iglesia por falta de estipendios y de otros ingresos que dependen de la asistencia de personas a las obras apostólicas. En verdad esto constituye un grave problema cuando el mantenimiento de las obras eclesiales, comenzando por los templos, supone tantos gastos económicos. Pero esta circunstancia puede ser ocasión para volver sobre este deseo del papa Francisco que, en realidad, es la propuesta de la comunidad de los orígenes (Hechos 2: 42-47).

Conviene replantearse a fondo la necesidad de una iglesia austera, testimonio de un desprendimiento y una generosidad sin límites. Una iglesia más afincada en su fragilidad y pobreza que en su poder y estatus social.

---

[6] Para profundizar en la sinodalidad: Comisión Teológica Internacional, *La Sinodalidad en la Vida y en la Misión de la Iglesia* (Buenos Aires: Ágape, 2018).

Todavía se arrastra el lastre de la historia que hizo que la iglesia pasara de perseguida a ser religión del imperio y comenzara a gozar de los privilegios, honores y reconocimientos de la sociedad civil. Esto se ha conocido como el modelo de iglesia "sociedad perfecta."[7] Vaticano II señaló la necesidad de "volver a los orígenes" y vivir un modelo de iglesia "comunión," capaz de testimoniar los valores del reino. ¿No será está la ocasión de renunciar a privilegios civiles y a las ostentaciones "del mundo"? ¿No será el momento de que la iglesia se atreva a dar desde su pobreza (2 Corintios 8: 9) y no desde el poder? Es un desafío, pero también una posibilidad de conversión.

En el mismo sentido la iglesia "en salida" de la que tanto se ha hablado, muestra la necesidad de descentralizarse de los templos y salir a la calle, sin temor a herirse o ensuciarse: "prefiero una iglesia accidentada, herida y manchada por salir a la calle antes que una iglesia enferma por el encierro y la comodidad de aferrarse a sus propias seguridades. No quiero una iglesia preocupada por ser el centro y que termine clausurada en una maraña de obsesiones y procedimientos" (*Evangelii Gaudium,* no. 49). El coronavirus ha interpelado a la iglesia para que deje la seguridad de los templos y de una pastoral parroquial y salga a la calle a enterarse del dolor del mundo y responder a él desde los valores del reino: justicia, solidaridad, misericordia.

LA CELEBRACIÓN EUCARÍSTICA

La imposibilidad de celebrar la eucaristía ha sido una de las consecuencias más visibles y que más ha afectado al pueblo de Dios. Ya dijimos que se desplegó la creatividad para ofrecer celebraciones virtuales que permitieron a muchas personas alimentar su fe. Sin embargo, surgen preguntas sobre la concepción de la eucaristía que se tiene. Nadie niega la presencia eucarística del Señor en el pan y el vino y la importancia de participar de ella. Pero cabe hacerse otras reflexiones.

Dios y su eficacia no están limitados a la praxis sacramental de la iglesia y los cristianos están llamados a una búsqueda constructiva de formas de comunicación con Dios también fuera del espacio eclesial litúrgico-sacramental. La presencia real de Cristo también está en los hermanos. Por eso todas las formas de solidaridad, acogida, apoyo y gratuidad con los hermanos, constituyen una "eucaristía existencial"[8] que sostiene y da razón a la eucaristía sacramental. Culto y vida son dos caras de la misma moneda y esto es lo que se esperaría de

---

[7] Alberto Parra, *La Iglesia* (Bogotá: Facultad de Teología. Universidad Javeriana, 2005), 73–77.
[8] Consuelo Vélez, "De la Eucaristía Sacramental a la Eucaristía Existencial," 17 abr. 2020, www.religiondigital.org/fe_y_vida/eucaristia-sacramental-existencial_7_2223447649.html.

cualquier vivencia eucarística. Lamentablemente, la eucaristía ha perdido, en algunas ocasiones, su dimensión social y se ha confundido con un encuentro intimista de cada fiel con Dios. No parece haber en esa actitud una experiencia de comunidad eclesial, de participación en el cuerpo de Cristo y de celebrar aquello que se vive. No se puede olvidar que el evangelio de Juan no relata la institución de la eucaristía (aunque tenga densos textos eucarísticos), pero presenta el lavatorio de los pies (Juan 13: 1-20) como una eucaristía basada en el servicio y la acogida mutua. Por tanto, una formación eucarística más completa es imprescindible.

Además, es tiempo de fortalecer la centralidad de la "Sagrada Escritura," no para sustituir la liturgia eucarística pero sí para alimentarse de la Palabra con la fuerza y valor que ella tiene. Una liturgia de la palabra, una oración alimentada por la palabra, una vida eclesial en torno a ella tiene la capacidad de sostener la vida cristiana y, en tiempos de coronavirus, puede tener la misma fuerza que la liturgia eucarística. Una formación más sólida del pueblo de Dios en este sentido sigue siendo una deuda pendiente, aunque vale la pena reconocer que, en algunas instancias, se está despertando una valoración positiva e incluso hay más laicado deseoso de una formación bíblica.

LA DIMENSIÓN SOCIAL DE LA FE

La Exhortación *Evangelii Gaudium* del papa Francisco, dedica todo el capítulo cuarto a la dimensión social de la evangelización. Se refiere a las repercusiones comunitarias y sociales del *kerygma*, la inclusión social de los pobres, el bien común, la paz, el diálogo social y el diálogo ecuménico e interreligioso. Estos temas y otros los retoma el papa Francisco en su última encíclica *Fratelli Tutti* mostrando, una vez más, la urgencia de sacar a la iglesia de su autorreferencialidad para ponerla frente al mundo y responder a sus desafíos. Esto no es una novedad. Fue lo que la Constitución pastoral *Gaudium et Spes* señaló al invitar a la iglesia a leer los signos de los tiempos, manifestados en los sufrimientos y tristezas, gozos y esperanzas de los hombres y las mujeres de hoy—especialmente de los más pobres(no. 1). Pero hoy se hace urgente retomarlo y no dejar de articular la fe con el devenir de los pueblos.

Ha sido clara la voz del papa denunciando esta "economía que mata" (*Evangelii Gaudium*, no. 53) produciendo la exclusión y marginación de grandes mayorías. Por eso "quienes pretenden pacificar a una sociedad no deben olvidar que la inequidad y la falta de un desarrollo humano integral no permiten generar paz. En efecto, 'sin igualdad de oportunidades, las diversas formas de agresión y de guerra encontrarán un caldo de cultivo que tarde o temprano provocará su explosión. Cuando la sociedad—local, nacional o mundial—abandona en la periferia una parte de sí misma, no habrá programas políticos ni recursos policiales o de inteligencia que puedan asegurar indefinidamente la tranquilidad.' Si hay que volver a empezar, siempre será desde los últimos" (*Fratelli Tutti,* no. 235). El coronavirus ha puesto en evidencia las consecuencias del sistema económico político vigente. Pero la llamada "reactivación" de la economía no está tomando opciones distintas a lo que ya se tenía. En este contexto, la iglesia no debería callar su voz profética sobre esta economía que mata, sino seguir denunciando esta realidad actual e invitar a proponer nuevos modelos económicos que garanticen la vida de todos, especialmente, de los más pobres. Por supuesto que ella es la que tiene que aportar, en primera instancia, en sus prácticas e inversiones, "otra economía posible" que no se base en la mayor ganancia o en el lucro financiero.

Es significativo que entre los mensajes que el papa ha dado en este tiempo de coronavirus haya dedicado uno a los movimientos populares. De hecho, se había reunido con ellos en tres ocasiones anteriores. Esta vez les dijo lo siguiente: "Quiero que pensemos en el proyecto de desarrollo humano integral que anhelamos, centrado en el protagonismo de los Pueblos en toda su diversidad y el acceso universal a esas tres 'T' que ustedes defienden: tierra, techo y trabajo. Espero que este momento de peligro nos saque del piloto automático, sacuda nuestras conciencias dormidas y permita una conversión humanista y ecológica que termine con la idolatría del dinero y ponga la dignidad y la vida en el centro…ustedes son constructores indispensables de ese cambio impostergable; es más, ustedes poseen una voz autorizada para testimoniar que esto es posible."[9]

En este mismo sentido el cuidado de la casa común no es ajeno a esta dimensión social de la fe: "hemos fallado en nuestra responsabilidad como custodios y administradores de la tierra. Basta mirar la realidad con sinceridad para ver que hay un gran deterioro de nuestra casa común (*Laudato Si',* no. 61). La hemos contaminado, la hemos saqueado, poniendo en peligro nuestra misma vida…no hay futuro para nosotros si destruimos el ambiente que nos sostiene."[10]

Cuando las condiciones no están dadas para la celebración litúrgica es imprescindible volver a lo esencial del encuentro con Dios. Este se ha de dar en la vida—dimensión social de la fe—y la vida se celebra en el culto. Por eso abundan las citas tanto en el Antiguo como en el Nuevo Testamento en que se rechaza todo culto que no provenga del

---

[9] Papa Francisco, "Carta del Santo Padre a los Movimientos Populares," 12 abr. 2020, www.vatican.va/content/francesco/es/letters/2020/documents/papa-francesco_20200412_lettera-movimentipopolari.html.
[10] Papa Francisco, "Catequesis de la Audiencia General de los Miércoles Dedicada al 50º Día Mundial de la Tierra," 22 abr. 2020, www.vatican.va/content/francesco/es/audiences/2020/documents/papa-francesco_20200422_udienza-generale.html.

compromiso con el "pobre" (Proverbios 21: 3; Isaías 1: 11-21; Jeremías 7: 21-24; Miqueas 6: 6-8), toda comunión eucarística que no ponga de antemano la solidaridad y el bien común (1 Corintios 11: 17-34). Por tanto, sería muy deseable que ante la interrupción que el virus ha traído a la vivencia litúrgica, nos preguntáramos qué peso tiene la dimensión social o el compromiso ético de la fe en la vida eclesial y si esta, en verdad, ocupa el lugar que debería tener en la acción evangelizadora de la iglesia.

Conclusión

Hemos señalado algunos elementos que pueden ayudar a repensar la vivencia de la fe a la luz de la experiencia vivida por la pandemia, proponiendo el compromiso ético como centro de esa experiencia. Ojalá que sean una provocación para, al menos pensar, que esta dolorosa situación no puede dejarnos indiferentes y cuando termine la pandemia, no nos contentemos con recuperar la normalidad perdida sino abrirnos a hacer los cambios necesarios. Posiblemente volver a la "normalidad" será lo que haga la mayoría. Pero la iglesia no puede perder su espíritu de discernimiento y su capacidad de conversión.

En este sentido son pertinentes las palabras de Francisco sobre el texto de Apocalipsis 3:20: "Mira que estoy a la puerta y llamo." El papa lo interpreta como que Jesús está dentro y llama para que lo dejemos salir.[11] Es una invitación a traspasar las actuales fronteras institucionales y mentales del cristianismo para poder ser auténtica levadura del mundo, para ir a las periferias geográficas y existenciales y desde allí ejercer la tarea evangelizadora profundamente profética y misionera.

No cabe duda de que una pandemia que ha trastocado todo lo que veníamos haciendo, nos hace preguntarnos por lo "esencial" y nos invita a "sacudirnos" de lo accesorio. En términos del evangelio, lo esencial es la "vida"—especialmente la de los más pobres—lo esencial es la misericordia—especialmente con los últimos—lo esencial es la humildad, sencillez y transparencia—especialmente de quienes quieren ser testimonio de Cristo. Todo lo demás presta su servicio para un momento determinado, pero siempre es susceptible de cambiar, de purificarse, de transformarse para que Cristo sea conocido y amado, como realmente Él es y no como lo acomodamos o domesticamos para garantizar nuestros propios intereses. El señor no se ha ido de la barca en la que navegamos y nuevamente nos dice: ¿por qué tienen tanto miedo? ¿cómo no tienen fe?

---

[11] Papa Francisco, "El Manuscrito que el Papa Francisco Leyó antes de su Elección en el Cónclave," www.aciprensa.com/noticias/cardenal-ortega-revela-lo-que-francisco-queria-del-nuevo-papa-32126.

Ojalá la iglesia en tiempos de pospandemia, siguiendo el consejo del papa Francisco: "si alguien cree que sólo se trataba de hacer funcionar mejor lo que ya hacíamos, o que el único mensaje es que debemos mejorar los sistemas y las reglas ya existentes, está negando la realidad….Se necesita una comunidad que nos sostenga, que nos ayude y en la que nos ayudemos unos a otros a mirar hacia delante. ¡Qué importante es soñar juntos! (*Fratelli Tutti*, nos. 7-8), se esfuerce por hacer realidad lo que el momento presente le pide: ser una iglesia pobre y para los pobres, una iglesia en salida misionera, una iglesia profética, una iglesia en discernimiento, una iglesia sinodal, una iglesia que, en realidad, testimonie "la vida con sabor a evangelio" (*Fratelli Tutti*, no. 1). En otras palabras, una iglesia que promueva la fe como compromiso ético porque bien sabemos que "la fe sin obras es muerta" (Santiago 2: 14) y solo una fe así hace creíble el evangelio en estos tiempos que vivimos.

OLGA CONSUELO VÉLEZ CARO es Doctora en Teología por la Pontificia Universidad Católica de Río de Janeiro y Profesora e investigadora por 35 años de la Facultad de Teología de la Universidad Javeriana (Colombia). Actualmente trabaja en la Licenciatura en Teología de la Fundación Universitaria San Alfonso (Colombia). Dicta cursos y conferencias en diversas instituciones a nivel nacional e internacional. Autora de libros y numerosos artículos. Publica semanalmente en su blog: www.religiondigital.org/fe_y_vida/ Contacto: ocvelez22@gmail.com.

La Acción de la Iglesia en la Pandemia: Frente a un Negacionismo de la Ciencia y la Muerte de los Vulnerables

M.T. Dávila

COMIENZO CON TRES CASOS QUE ILUSTRAN, más que una tensión, un mal entender de lo que debe ser las funciones de aquellos que proclaman ser custodios de la verdad en el ámbito público. Ambos casos nos confrontan con una pregunta antropológica: ¿Cuál debe ser la relación entre la iglesia y la ciencia para fortalecer y promover un proyecto humanizador en la sociedad?[1] Y, como toda pregunta antropológica, la misma viene siendo a la vez una cuestión política, cultural, y social.

El primer caso es el documento de los obispos católicos de Polonia con respecto a la población LGBTQ+. El 28 de agosto de 2020, los obispos de Polonia publicaron un documento de 28 páginas presentando su postura sobre los grupos LGBTQ+.[2] En el mismo dedican espacio a posturas éticas, afirmando su oposición al acoso, discrimen, o violencia en contra de estas personas. Pero el documento también propone posibles campamentos o centros de conversión. Curiosamente admite que este concepto va contrario a la evidencia científica. Mucho se ha discutido en las redes sociales sobre en qué consisten estos centros. Pero debido a la crítica mundial que ha recibido este elemento del documento, los obispos se vieron en la posición de tener que aclarar el texto y contexto del mismo. Específicamente, el obispo Jósef Wróbel aclara el 2 de septiembre:

> El documento menciona explícitamente ayudar a "aquellas personas que deseen asistencia para recobrar su salud sexual y la orientación sexual natural" (p.38). Por ende, esto quiere decir "las personas que

---

[1] Clarifico el uso de la palabra "iglesia" y su plural. Aunque mayormente me centro en las fuentes y tradiciones de la iglesia católica, este trabajo en específico, como tantos retos serios que abarca la humanidad, requiere que nuestras consideraciones incluyan a las iglesias cristianas como movimientos locales y globales. De no especificarlo, uso la palabra iglesia representando a la variedad de tradiciones cristianas en las Américas.
[2] "'Ayudar a Recobrar la Orientación Sexual Normal': Documento del Episcopado Polaco Sobre Temas LGBT," *Religionenlibertad.com*, 3 agosto 2020, www.religionenlibertad.com/europa/690430639/documento-obispos-polacos-LGBT-2020.html.

en algún momento se han dado cuenta de que su diferencia sexual no es un juicio irrevocable o una programación irreversible, sino un síntoma de haber sido herido en diversos niveles de su personalidad" (p. 38). Así que se trata de aquellos que han buscado este tipo de ayuda y la piden porque sufren debido a estas inclinaciones, sintiéndose desgarrados de una manera sumamente dolorosa y sin poder sobrellevar su situación.[3]

El segundo caso es más generalizado debido a que existen muchísimos ejemplos del mismo. Se trata de la trifecta iglesia-ciencia-pandemia, y que se concreta en miles de casos de pastores, curas, y obispos desafiando órdenes de salud pública de las autoridades locales, o uniéndose al bando de aquel equipo político que confirme su visión de que la libertad religiosa o de conciencia permite y protege la decisión de abrir iglesias, defender la decisión de no usar mascarillas en público, y congregar fieles en masa. A este fenómeno se le añade la promoción de un "providencialismo"—la tendencia a sentir que Dios tiene potestad sobre nuestro futuro (ciertísimo), y que, por ende, nuestra salvación de aquello que nos acecha está en sus divinas manos. Esto lleva a presumir que sólo hay que confiar en absoluto en esa divina potestad y nuestro bienestar quedará garantizado, llevando a muchos líderes y fieles a dejar a un lado o ignorar las recomendaciones de los especialistas en las ciencias de pandemia, tales como cesar las reuniones religiosas en masa y el uso mandatorio de mascarillas.

Finalmente, el advenimiento de las vacunas contra el Covid-19 en EEUU abrió otra vía de tensión entre líderes de iglesias y fieles cristianos y el campo de las ciencias. Alentados por las campañas de desinformación, muchos parecen estar más comprometidos a sembrar dudas y confusión en vez de cooperación entre aquellos que deben proteger y fomentar la verdad en el campo público. Entre los obispos católicos en EEUU vemos tensiones y sospechas sobre la fuente de la vacuna, especialmente la posibilidad de que las células que generaron la misma sean el resultado de abortos efectuados anteriormente.[4] Aun-

---

[3] Robert Shine, "Bishop Claims Polish Document not About Forced Conversion Therapy; LGBTQ Advocates Skeptical," *New Ways Ministry,* 4 septiembre 2020, www.newwaysministry.org/2020/09/04/bishop-claims-polish-document-not-about-forced-conversion-therapy-lgbtq-advocates-skeptical/, citando a Jósef Wróbel.
[4] Hayley Smith, "Fresno Bishop Urges Catholics Not to 'Jump on the Covid-19 Vaccine Bandwagon,'" *Los Angeles Times,* 20 noviembre 2020, www.latimes.com/california/story/2020-11-19/fresno-bishop-urges-catholics-not-to-jump-on-the-covid-19-vaccine-bandwagon.

que todas esas sospechas han sido aclaradas estableciendo que las vacunas son moralmente lícitas,[5] muchos de los guerreros de cultura han tomado el tema de las vacunas como otro campo de batalla en donde lidiar sus ideologías.

Estos ejemplos nos invitan a considerar tres elementos. Primero, el deber de aquellos que claman ser custodios de la verdad en el ámbito público. Aquí traemos a juicio tanto la iglesia, como las ciencias, el periodismo, el ámbito académico, y la política. Todos estos renglones de la vida en comunidad representan de algún modo la verdad en el sector público *y al servicio del público y del bien común*. Segundo, debemos considerar la dinámica entre éstos de manera que sirvan de aliento a un proyecto humanizador, y no a los esfuerzos deshumanizadores del pecado del mundo y el pecado estructural. A los mencionados custodios de la verdad se les juzga bajo unos criterios determinados por el bienestar humano, principios no excluyentes, y que afirmen el proyecto de vida humana y ambiental.[6] Y, finalmente, está el reto de definir en qué consiste este proyecto humanizador. En última instancia, la pregunta es antropológica porque la relación entre lo que es la verdad y lo que es o se entiende como ser humano también son proyectos que se van desplegando, ampliando, y progresando con cada época.

Aquí viene la última parte del título de este ensayo: la muerte de los pobres. Creo que el elemento central que puede contribuir la iglesia y que debe orientar el diálogo o la dinámica ciencia-iglesia y su labor en torno a defender la verdad en el ámbito público y el establecimiento de políticas nacionales (por ejemplo, en los casos de las personas LGBTQ y la pandemia) es *el principio encarnacional de la opción preferencial por los pobres*.[7] Este principio centra el proyecto de la iglesia y de la ciencia alrededor de la narrativa y el destino de aquellos que en muchas ocasiones han sufrido la mano dura de la avaricia y el odio estructural disfrazadas de "verdad" y "ciencia."[8] El mismo nos

---

[5] "El Vaticano Insta a Católicos a Vacunarse; Considera que Vacunas Covid-19 Son 'Moralmente Aceptables,'" *El Economista*. 21 diciembre 2020, www.economista.com.mx/arteseideas/El-Vaticano-insta-a-catolicos-a-vacunarse-considera-que-vacunas-Covid-19-son-moralmente-aceptables-20201221-0049.html.

[6] Aquí nos sirve la doctrina social de la iglesia, aquella rama del magisterio que atiende la condición cambiante de la sociedad, tomando seriamente la voz de las ciencias, juzgando y proponiendo acción bajo criterios que obedecen la centralidad de la dignidad del ser humano y la opción preferencial por los pobres. A esta labor eclesial también responden la Academia Pontificia de las Ciencias, la Academia Pontificia de las Ciencias Sociales, además del Consejo Episcopal para la Comunicación Social.

[7] María Teresa Dávila, "The Role of the Social Sciences in Catholic Social Thought: The Incarnational Principle of the Preferential Option for the Poor and Being Able to See in the Rubric 'See-Judge-Act,'" *Journal of Catholic Social Thought*, 9, no. 2 (Summer 2012).

[8] Véase, por ejemplo, Joseph Graves, *The Emperor's New Clothes: Biological Theories of Race at the Millennium* (New Brunswick, NJ: Rutgers University Press, 2002);

lleva a preguntar lo siguiente de cualquier dinámica a nivel público: ¿Quién se beneficia? ¿A quién impacta/oprime/excluye en su enteridad o destino? ¿Qué verdades asume esconder o suprimir, y cuáles prefiere sacar a la luz?

¿QUÉ QUEREMOS DECIR CON *NEGACIONISMO*?

Vamos primero a aclarar lo que queremos decir con el negacionismo. Porque ocurre que hay dos versiones, casi totalmente opuestas, de lo que llamamos negacionismo. Una versión es la más aplicable al tema de este ensayo. Se entiende como negacionismo el rechazo u ofuscamiento intencional de hechos históricos (como lo son los que niegan la veracidad del Holocausto durante la segunda guerra mundial), o datos científicos.[9] Entiéndase que esta postura no es moralmente neutra. La misma conlleva el recomendar políticas y prácticas que reflejen la postura negacionista, de esta manera impactando, a veces severamente, el diario vivir y el destino de las personas. Podemos ver, por ejemplo, como en los medios sociales se repiten y se comparten posturas negacionistas de parte del liderazgo religioso a nivel nacional y global. Un ejemplo que corrió por las redes sociales en septiembre del 2020 es el video de un cura católico que le indicaba contundentemente a su audiencia que desafiaran las órdenes de sus obispos y gobernantes si los mismos les exigían usar mascarillas para asistir a misa o que se debían cerrar las iglesias nuevamente.[10] Este cura no sólo proponía el desafío de esta orden de salud pública, sino que también la catalogaba como una expresión de comunismo, lo cual, insistía el cura, está en contra de la fe Cristiana y el bien común. En este ejemplo el líder religioso fusiona el negacionismo con el comunismo. Esta fusión determina que toda influencia del gobierno sobre el comportamiento de la sociedad (para efectos del bien común), o que restringe dimensiones de la vida en común por un bien mayor (como frenar el esparcimiento de un virus), son expresiones de tendencias comunistas que abiertamente oprimen la libertad humana. Esto es una

---

Ayah Nuridin, Graham Mooney, Alexandre Graham White, "Reckoning with Histories of Medical Racism and Violence in the USA," *The Lancet* (3 October 2020), www.thelancet.com/journals/lancet/article/PIIS0140-6736(20)32032-8/fulltext; Adia Harvey Wingfield, "Systemic Racism Persists in the Sciences," *Science Magazine* (24 July 2020), science.sciencemag.org/content/369/6502/351.

[9] Israel Viana, "La Alargada Sombra del Negacionismo: La Historia Interminable de la Lucha Contra la Razón y la Ciencia," *ABC España,* 27 septiembre 2020, www.abc.es/sociedad/abci-alargada-sombra-negacionismo-historia-interminable-lucha-contra-razon-y-ciencia-202009270153_noticia.html?ref=https:%2F%2Fwww.google.com%2F.

[10] J.D. Flynn, "Church Officials Evaluating Priest Who Told Catholics to Disobey Bishop on Mask Wearing," *Catholic News Agency,* 2 September 2020, www.catholicnewsagency.com/news/denver-archdiocese-fssp-evaluating-priest-who-told-catholics-to-disobey-bishop-on-mask-wearing-59756.

falsedad que viene persiguiendo políticas y movimientos que protegen a los más vulnerables por muchos años, y que sirve como un espectro siniestro para maldecir públicamente posturas inimicas a los intereses de los más poderosos en los gobiernos, en los negocios, y, desafortunadamente, en el campo religioso también.

Este tipo de negacionismo que acabo de describir incluye y hasta depende de impulsos ideológicos y desinformación. En este caso se ve la tendencia de juzgar intervenciones gubernamentales como formas del comunismo, y de esa manera se fortalece la postura negacionista bajo el manto de la enseñanza cristiana sobre la libertad del ser humano. Es importante fijarnos la manera en que el negacionismo no es una postura oficial de la iglesia. El negacionismo falsamente utiliza conceptos del cristianismo para juzgar políticas que ciertos sectores del poder religioso y político consideran impertinentes debido a su privilegio social, económico y político.

Pero existe también otro tipo de negacionismo, casi totalmente opuesto. Acusaciones de este tipo toman el llamado de Benedicto en contra de la era de la relatividad moral (*Caritas in Veritate*, nos. 2, 4, 26), para insistir que existe sólo una verdad y una realidad científica que aquellos oscurantistas modernos rehúsan aceptar. Usualmente acusaciones de este tipo tratan de sostener llamados a las "verdades científicas" como consideran que son la identidad de género y la atracción heterosexual, las diferencias propias entre mujeres y hombres, la naturalidad de las inequidades entre grupos sociales o étnicos, o la naturalidad de la propiedad privada.[11]

Clave en ambos negacionismos es la manera en la que los mismos habilitan la posibilidad de ignorar o hasta juzgar como natural la pobreza, la enajenación, y el sufrimiento humano. Ambas sirven para promover intereses limitados de grupos que ven su posicionalidad y poder amenazados por nuevas maneras de ver el mundo, y prácticas sociales de equidad basadas en la ciencia propiamente corroborada y puesta bajo el juicio crítico de la experimentación y la confirmación de datos.

El negacionismo tiende a confundir el poder con la verdad, y la autoridad social y religiosa con el rigor epistémico de la historia y las ciencias. Quizá este problema sea un efecto atrasado de las polémicas entre la ciencia y la iglesia de antaño (de los tiempos de la persecución de Galileo). Pero debemos abrir los ojos y comprender que ciertamente estamos ante un síndrome de negacionismo empeorado y exacerbado por las corrientes políticas fascistas de los últimos siete años. No sólo en los EEUU con la elección y presidencia de Donald Trump, sino también en otros países donde la política ultra derechista ha entrado en poder, el negacionismo se ha convertido en la manera más

---

[11] Véase, por ejemplo, Eduardo Arias Ayala, "El Oscurantismo Moderno," *Panorama*, 17 septiembre 2018, www.panoramadigital.co.cr/6343-2/.

conveniente de silenciar la oposición y controlar la población con reclamos de "expertos" que niegan las observaciones cautelosas y comprobadas de la comunidad científica.

Las iglesias, ya de por sí adiestradas a ciertas clases de negacionismo, se han convertido en el 'ground zero' o epicentro de la batalla de las políticas de la pandemia. En EEUU la mayoría de las iglesias Católicas y Evangélicas se han acogido al negacionismo de las políticas de Trump, en algunos casos hasta insistiendo que ya pasado tres meses de la pandemia se vuelve a convertir en pecado faltar a la misa dominical presencial (este mensaje de parte de varios obispos).[12] Los obispos más vociferos al respecto declaran que la libertad a la religión es una verdad fundamental del ser humano, más importante y determinativa de la política respecto al cierre de iglesias o cese de reuniones que las recomendaciones del CCE o la OMS. En estos casos el negacionismo se usa para establecer una jerarquía de verdades que sólo conviene a unos pocos mientras ignora su impacto en poblaciones vulnerables, como los grandes centros urbanos, y vecindarios mayormente migrantes y Afro-Americanos. Desgraciadamente varias diócesis en EEUU y Puerto Rico reportan alta incidencia de infección por Covid-19, aún cuando las estadísticas de contagio en esos estado reflejan una baja en la tasa de infección. Interesantemente, la mayoría de las iglesias Protestantes de línea liberal (Luteranas, Metodistas, Episcopales) continúan con sus servicios virtuales en línea compartiendo con sus feligreses documentos que hacen uso sugerencias y datos del Centro de Control de Enfermedades y la Organización Mundial de Salud para explicar sus razones para continuar el distanciamiento.

El negacionismo en cualquiera de sus formas también representa el mal uso de recursos y desorienta la atención de las iglesias. Durante una temporada en la que los empobrecidos y marginados sufren de manera excesiva el impacto económico de las órdenes de cierre, las iglesias, distraídas por su ansiedad ante el cese de misas y sacramentos, no han podido expresar de lleno su solidaridad para con los trabajadores más expuestos al contagio, las poblaciones excesivamente impactadas por el contagio como lo son las comunidades Afro-americanas y Latinxs, y las familias cuyo destino económico ha quedado totalmente arrasado por la pérdida de empleo y el cese de ayudas económicas.[13] Contundentemente debemos declarar el negacionismo como una práctica no-ética, no-solidaria, y anti-cristiana.

---

[12] Dawson White, "Skipping Mass Over Covid-19 Fears a 'Grave Sin,' Wisconsin Archbishop Warns Catholics," *The Kansas City Star*, 13 September 2020, www.kansascity.com/news/nation-world/national/article245704795.html.

[13] Naomi Thomas, "En los Condados Más Impactados por el Covid-19, los Latinos y Negros se Vieron Particularmente Afectados, Informan los CDC," *CNÑ*, 15 agosto 2020, cnnespanol.cnn.com/2020/08/15/en-los-condados-mas-impactados-por-el-covid-19-los-latinos-y-negros-se-vieron-particularmente-afectados-informan-los-cdc/.

La Iglesia, la Ciencia, y los Pobres

La iglesia, al negar la ciencia, niega también su obligación para con los empobrecidos, una obligación centrada en la naturaleza de un Dios que en solidaridad se adentra al mundo de los pobres mediante la encarnación. La opción preferencial por los pobres es una de las herramientas principales por medio de la cual se le da dirección y corrección a la ciencia y sus esfuerzos de entender y explicar la realidad.

Por mucho tiempo la ciencia en los EEUU intentó recalcar ideas sobre la capacidad mental de los Afro descendientes, sirviendo así la postura y política de la esclavitud y el racismo.[14] En aquel entonces hubo iglesias que convenientemente se arraigaban a esta ciencia porque les facilitaba un poder y soberanía sobre las personas Afro-descendientes como propiedad y siervos de menor capacidad. Pero también hubo personas de fe y de ciencia que comprendían que la función de ambas fuerzas en la sociedad debería ser la humanización de toda la familia humana. A éstos les tocó desmantelar estas falsedades pseudo-científicas.

Ciertamente, la ciencia necesita de la corrección que ofrece la visión del proyecto humanizador que es la fe cristiana. La tendencia forjada por el pecado del mundo es disminuir la humanidad de unos recalcando la de otros, y de convencer a los líderes públicos que esto se conforma a la naturaleza creada por Dios. Pero esta tendencia impacta a todas las estructuras sociales. Por eso la relación entre iglesia y ciencias deber ser de colaboración y mutua corrección. En el caso de las pseudo-ciencias racistas del siglo 18 y 19 también se necesitó la colaboración de humanistas ateos centrados en el compromiso de establecer un entendimiento universal del ser humano que trascendiera prácticas de fe y razas arbitrariamente asignadas por proyectos de conquista y extorsión de capital.

¿Existe Algún Encuentro Entre la Opción Preferencial por los Pobres y la Ciencia?

Por mucho tiempo la ciencia ha hablado claramente sobre el impacto del cambio climático en las poblaciones del mundo. Igualmente, la ciencia presenta estimados horripilantes de la tasa de mortalidad mundial debido al contagio de Covid y las diferentes políticas de salud pública que se establezcan a nivel local, regional, o mundial.[15] En ambos casos se asume que las poblaciones mas impactadas serán los mas

---

[14] Michael Ruane, "A Brief History of the Enduring Phony Science that Perpetuates White Supremacy," *Washington Post*, 30 abril 2019, www.washingtonpost.com/local/a-brief-history-of-the-enduring-phony-science-that-perpetuates-white-supremacy/2019/04/29/20e6aef0-5aeb-11e9-a00e-050dc7b82693_story.html.

[15] United Nations Department of Economic and Social Affairs, "UN/DESA Policy Brief #86: The Long Term Impact of Covid-19 on Poverty" 15 October 2020,

empobrecidos. Con respecto al cambio climático la predicción es que para el año 2050 el cambio climático generará 143 millones de migrantes a nivel mundial.[16] Considerando la ciencia de la pandemia, en EEUU claramente se ha establecido que las personas hispanas resultan ser 3-5 veces más vulnerables al contagio por Covid que la población anglosajona.[17]

La iglesia, la política y la ciencia—todos los que nos ubicamos entre el liderazgo de estas fuerzas sociales tenemos el deber de influenciar la opinión pública para desarrollar políticas que le presten atención a la evidencia que presenta la ciencia respecto a cómo estos dos fenómenos—el cambio climático y las pandemias—afectarán las vidas de los empobrecidos y marginados. En efecto esto es lo que trata de hacer *Laudato Si'*, donde se menciona a los pobres más de 60 veces, explicitando cómo estos fenómenos les impactan directamente, especialmente a las mujeres.

Le toca a la iglesia hacer sentido de estos números, hacernos entender que nuestras vidas y nuestro destino está entrelazado con el destino de cada uno de ellos. Convenientemente, el afán por lidiar la lucha por abrir las iglesias y la supuesta opresión religiosa y privación del derecho a la religión durante la pandemia (cristiana, por supuesto, nadie está luchando por el derecho de los musulmanes o hindúes a tener sus mezquitas y templos abiertos) nos desenvuelve de esa labor de enlazar el destino de los fieles con todos los miembros de la humanidad, especialmente de aquellos que sufren injustamente el impacto de la pandemia y el cambio climático.

Le toca a la iglesia darles nombre y apellidos a aquellos que la ciencia declara como más vulnerables, colocarlos en el esquema del destino divino, infinitamente valiosos, únicos, e irremplazables.

---

www.un.org/development/desa/dpad/publication/un-desa-policy-brief-86-the-long-term-impact-of-covid-19-on-poverty/.

[16] Banco Mundial, "El Cambio Climático Podría Obligar a Más de 140 Millones de Personas a Migrar Dentro de Sus Propios Países para el Año 2050: Informe del Banco Mundial," 19 marzo 2018, www.bancomundial.org/es/news/press-release/2018/03/19/climate-change-could-force-over-140-million-to-migrate-within-countries-by-2050-world-bank-report.

[17] Center for Disease Control, "Covid-19 Hospitalization and Death by Race/Ethnicity," 30 November 2020, www.cdc.gov/coronavirus/2019-ncov/covid-data/investigations-discovery/hospitalization-death-by-race-ethnicity.html; Lulu García Navarro, "Harvard Researcher Discusses Why Covid-19 Is Devastating Communities of Color," *National Public Radio*, 6 September 2020, www.npr.org/2020/09/06/910194836/harvard-researcher-discusses-why-covid-19-is-devastating-communities-of-color.

Conclusión: El Llamado a "la Verdad" no Puede Ser Deshumanizador

El llamado a "la verdad," sea por medio de las ciencias o argumentos religiosos jamás debe ensanchar o proveerle oxígeno a los procesos de deshumanización—como lo fueron la conquista y la esclavitud en las Américas—que siempre acechan a los empobrecidos y marginados. El pecado del mundo disfruta estos llamados deshumanizadores a "la verdad," los fomenta, y hasta proclama como víctimas a aquellos a quienes se les corrige por presentar como universalmente veraz las medias verdades o prejuicios disfrazados de ciencia.

En estos momentos vemos que los gobiernos neo-fascistas y ultraderechistas se aprovechan del negacionismo y la confusión que esto causa para imponerse como autoridad sobre la verdad y establecer políticas que deshumanizan gran porciento de la población, normaliza ciertos tipos de violencia (especialmente violencia de género, racismo, y la violencia que es la desintegración económica a causa de la negación de la pandemia). A la vez estos imponen perspectivas sobre lo que es ser humano y el bien común que van en contra de lo más básico de la ciencia moderna, sobre todo en áreas de la psicología, de la sexualidad, capacidad ambiental, desarrollo, y sustentabilidad.

Los científicos son los que hoy día proclaman cómo los fenómenos que observan, miden, y consideran—como la pandemia y el cambio climático—afectan de manera más agresiva e impactante a los empobrecidos y marginados alrededor del mundo. Frente al impulso deshumanizador de las corrientes en poder en estos momentos en muchos de nuestros países la orientación de las iglesias debe ser hacia el uso público—no exclusivo—de las ciencias para forjar políticas e informar éticas que engendren esa encarnación de Cristo entre nosotros, el acercamiento de las herramientas de sanidad, cuidados intensivos, prevención, educación, respaldo económico y sustentabilidad a los que más lo necesitan.

La iglesia, en sus esfuerzos de contribuir al proyecto humanizador en la historia, no tiene las herramientas para descartar la evidencia de las ciencias. Pero si está adecuadamente equipada para presentar preguntas que le deben dar dirección a nuestros esfuerzos: ¿A quién(es) benefician estas observaciones o hallazgos? ¿A quién(es) oprime o excluye, o deshumaniza? ¿Qué realidades asume revelar o esconder/suprimir? Guiadas por la opción preferencial por los pobres estas preguntas pueden hacer de la iglesia una fuerza pública para darle dirección humanizadora a las ciencias como co-agente en la historia y la política.

El énfasis hoy día en la cuestión del cierre o aperturas de las iglesias, o la validez o deber público de los programas de vacunas impiden esta función direccional y humanizadora de la iglesia. La envuelve y enreda en las dinámicas deshumanizadoras de gobiernos corruptos que se rehúsan a entender su función en el proyecto de vida de todos por dedicarse de entero a beneficiar a un sector mínimo privilegiado.

Concluyo con el testimonio de mi colaboración con los científicos que forman parte de la Asociación Americana para el Estímulo y Avance de las Ciencias (American Academy for the Advancement of Science—AAAS).[18] Éstos, científicos—algunos y algunas personas de diversas religiones, otros y otras no-creyentes—están totalmente comprometidos a prestar atención a esa función direccional de la iglesia. Entienden que manejan la investigación y los resultados que permiten observar de cerca a la creación, y en especial a la vida humana. Pero también están conscientes de que para que estas herramientas queden al servicio de la humanidad, especialmente en estos tiempos de pandemia, contagio, enfermedad, y penumbra humana es contundentemente necesaria la reflexión ética de los principios universales sobre la creación y la humanidad que proveen las iglesias, como lo es la opción preferencial por los pobres. Cuando las iglesias se dejan llevar por las políticas de gobiernos negacionistas y sus propios miedos a perder el poder en la sociedad, éstas dejan de servir esa función direccional, y los científicos se sienten abandonados y sin compás. Queda de nosotros entonces promover posturas de colaboración y entendimiento, comprometidos a la solidaridad con los que sufren, y declarar el negacionismo como una postura anti-cristiana y dañina a la humanidad.

María Teresa Dávila es profesora visitante asociada de la práctica en el departamento de religión y estudios teológicos de Merrimack College, Massachusetts (Estados Unidos). Cursó sus estudios doctorales en Boston College en el área de la ética teológica. Enfoca su investigación mayormente en las áreas de teología pública, justicia racial, justicia migratoria, y la opción preferencial por los pobres desde una perspectiva del Atlántico norte. davilam@merrimack.edu.

---

[18] Mi colaboración ha sido dentro del programa de las Ciencias para los Seminarios (Science for Seminaries) de la división del Diálogo entre las Ciencias, Ética, y Religión (Dialogue on Science, Ethics, and Religion—DoSER), www.aaas.org/programs/dialogue-science-ethics-and-religion.

La Colaboración y la Promoción del Bien Común como Estilo de Vinculación de los Eticistas Teológicos en América Latina

Andrea Vicini, SJ

EN EL CASO DE PERSONAS FORMADAS en filosofía y teología,[1] escuchando y dialogando con las ciencias,[2] y con fuerte compromiso ético podemos preguntar: ¿Cuáles son las contribuciones constructivas sociales y eclesiales para abordar los aspectos complejos y multifacéticos, con sus desafíos éticos, que caracterizan la presente pandemia global? Como sabemos bien, esta pandemia afecta a todas las personas en todos los contextos sociales y ubicaciones en América Latina y el mundo. En particular, los pobres y los más vulnerables se ven gravemente afectados. Como el antropólogo y médico Paul Farmer nos recuerda, trágicamente las enfermedades hacen una opción preferencial por los pobres.[3]

EL CONTEXTO ACTUAL

Concretamente, mientras estoy escribiendo (30 de octubre de 2020), en América Latina y el Caribe los casos de COVID-19 están aumentando. El número de muertos ha llegado a 400.000 y esta es la tasa de mortalidad más alta del mundo por el virus.[4]

---

[1] Ver Agustín Ortega, "Filosofía y Teología en la Pandemia Global," *Réligion Digitale,* 27 abril 2020, www.religiondigital.org/accion-formacion_social_y_etica/Filosofia-teologia-pandemia-global_7_2226447335.html.

[2] Ver Maria Clara Bingemer, "O Necessário Diálogo Entre a Fé e a Ciência," *DomTotal,* 26 mayo 2020, domtotal.com/artigo/8831/2020/05/o-necessario-dialogo-entre-a-fe-e-a-ciencia/.

[3] Ver Paul Farmer, *Pathologies of Power: Health, Human Rights, and the New War on the Poor,* California Series in Public Anthropology (Berkeley: University of California Press, 2003).

[4] Ver Laura Gamba, "Latin America and Caribbean COVID-19 Numbers Worsening," *Andalou Agency,* 30 octubre 2020, www.aa.com.tr/en/americas/latin-america-and-caribbean-covid-19-numbers-worsening/2024041. Para información más actualizada sobre cifras de contagio y tasa de mortalidad, ver la página de la rama de las Américas de la Organización Mundial de Salud, Organización Panamericana de la Salud, https://www.paho.org/es/temas/coronavirus/brote-enfermedad-por-coronavirus-covid-19.

Brasil, Argentina, Colombia y México se encuentran entre los diez países del mundo con más casos de COVID-19.[5] Toda la región está luchando para abordar su primera ola de pandemia. En particular, México tiene la cuarta cifra más alta de muertos en el mundo. En el Día de los Muertos–el 1 y 2 de noviembre–las celebraciones de "color, música y flores" serán reemplazadas por el duelo nacional por las víctimas del coronavirus.

Uruguay tiene una mejor situación que algunos países vecinos, pero en medio de los recientes brotes, los funcionarios temen que las esperadas fiestas de la Víspera de Todos los Santos (*Halloween*) y las visitas a los cementerios puedan aumentar los casos.

Brasil ha soportado más de 160.000 muertes y 5,5 millones de casos confirmados de coronavirus, mientras que el presidente Jair Bolsonaro aún no quiere considerar el bloqueo de emergencia de las ciudades y el país para controlar el aumento de casos. Por otra parte, el presidente ha dicho que el sistema sanitario nacional (*Sistema Único de Saúde*) no pagará por la vacuna china que está en prueba clínica en el estado de São Paulo.[6]

Venezuela tiene muy pocos trabajadores de la salud para atender a los enfermos.[7] Los familiares deben llenar los vacíos que dejaron la salida de casi 33.000 médicos y unas 6.000 enfermeras en los últimos años. Una enfermera suele atender hasta 60 pacientes en lugar de 5-6, que es el estándar internacional. Además, el salario de las enfermeras ni siquiera es suficiente para cubrir el costo del transporte público para simplemente ir a trabajar a los hospitales. Finalmente, cada día, los profesionales de la salud necesitan lavar los únicos dos equipos de protección personal que tienen.

En el mundo, hay más de 45 millones de casos con más de 1,2 millones de personas fallecidas por la pandemia. Estos son datos asombrosos. Estos datos no cubren todos los múltiples aspectos de la vida social que se ven afectados por la pandemia a nivel local y global. Haciéndose eco de lo que estamos viviendo en el mundo, propongo un enfoque triple que depende, en primer lugar, de una conciencia crítica; segundo, de lograr un objetivo ambicioso; y, tercero, de implementar un método exigente.

---

[5] Ver Laura Gamba, "Latin America and Caribbean Have Top COVID Death Rate," *Andalou Agency,* 28 octubre 2020, www.aa.com.tr/en/americas/latin-america-and-caribbean-have-top-covid-death-rate/2021499.
[6] Ver Naiara Galarraga Gortázar, "Brasil, Laboratorio Mundial para Vacunas del Coronavirus," *El País,* 22 agosto 2020, elpais.com/ciencia/2020-08-22/brasil-laboratorio-mundial-para-vacunas-del-coronavirus.html.
[7] Ver Scott Smith, "Venezuelans Brave COVID Wing to Bathe, Feed Sick Loved Ones," 27 octubre 2020, apnews.com/article/virus-outbreak-caracas-health-south-america-latin-america-5ae640105be95be1bf45071285008276.

Una Conciencia Crítica

La pandemia mundial actual ha puesto en evidencia nuestra vulnerabilidad compartida.[8] Juntos estamos experimentando los efectos de la pandemia.[9] Al mismo tiempo, algunos entre nosotros están más afectados y sufren mucho debido a su ubicación social, con un acceso más limitado a los servicios de salud y con oportunidades laborales insuficientes. Sin embargo, las desigualdades sociales aumentan y agravan aún más la terrible situación de muchas personas y comunidades.[10] Podemos mencionar la discriminación racial, la marginación económica y el desequilibrio de poder que viven los desfavorecidos. En el contexto latinoamericano, entre esas poblaciones debemos recordar a las comunidades indígenas, desde la selva amazónica hasta los Andes peruanos y la población de origen Maya en el actual México y en los países centroamericanos.

La necesidad de promover la salud pública global ha aumentado nuestra conciencia social y eclesial invitándonos a considerar cómo la salud depende de los determinantes sociales, es decir, de todas las condiciones sociales en las que las personas nacen, crecen, viven, trabajan y envejecen. Estas condiciones sociales incluyen el nivel socioeconómico, la educación, la calidad de vida en los barrios, el entorno físico en que viven las personas, el empleo, las redes de apoyo social

---

[8] Ver Cesar Kuzma, "O COVID-19 e a Vulnerabilidade Social," *Instituto Humanitas Unisinos,* 20 marzo 2020, http://www.ihu.unisinos.br/78-noticias/597260-o-covid-19-e-a-vulnerabilidade-social; Maria Inês Castro Millen, "Vulnerabilidade e Resiliência en Tempos de Pandemia," *The First,* 1 octubre 2020, catholicethics.com/forum/vulnerabilidade-e-resiliencia/.

[9] Ver Robson Ribeiro de Oliveira Castro, "A Realidade da Pandemia e a Desvalorização da Vida," *Franciscanos,* 3 agosto, 2020, franciscanos.org.br/vidacrista/a-realidade-da-pandemia-e-a-desvalorizacao-da-vida/.

[10] Ver Kate Ward, and Kenneth R. Himes, "'Growing Apart': The Rise of Inequality," *Theological Studies* 75, no. 1 (2014): 118–132, 10.1177/0040563913519045. Encuentran una colección de artículos que examinan la inequidad social en Kate Ward, and Kenneth Himes, eds., *Growing Apart: Religious Reflection on the Rise of Economic Inequality*, Religion (Basel: MDPI, 2019).

y la disponibilidad de alimentos saludables y agua potable, la ausencia de polución,[11] así como el recurso a los servicios de salud.[12]

El autor Daniel Dawes, en su libro titulado *Los Determinantes Políticos de la Salud*, explora con más detalle cómo también el contexto político influye sobre los sistemas de salud, las infraestructuras de salud y la prestación de servicios de salud.[13] Los determinantes políticos de la salud crean impulsores sociales, incluyendo las malas condiciones ambientales, el transporte inadecuado, los vecindarios inseguros y la falta de alimentos saludables, que afectan todas las demás dinámicas de la salud.

Reflexionando sobre el contexto político actual, en América Latina y a nivel mundial, podemos añadir la corrupción porque es un cáncer que drena los recursos humanos y sociales y que envenena la vida social y política.[14] El liderazgo político debería estar al servicio del bien común de los ciudadanos en cada país, y participar para promover el bien común del mundo entero. Hoy día existen demasiados ejemplos—en América Latina y en el mundo entero—que muestran la incapacidad política de muchos líderes y la dominación de intereses particulares.

Además, el examinar los determinantes políticos de la salud nos permite nombrar los sistemas injustos de atención médica estratificadas que imitan la distribución social desigual existente. Entre estas in-

---

[11] Un estudio importante sobre los efectos negativos de la polución es Philip J. Landrigan, Richard Fuller, Nereus J.R. Acosta, Olusoji Adeyi, Robert Arnold, Niladri Nil Basu, Abdoulaye Bibi Balde, Roberto Bertollini, Stephan Bose-O'Reilly, Jo Ivey Boufford, Patrick N. Breysse, Thomas Chiles, Chulabhorn Mahidol, Awa M. Coll-Seck, Maureen L. Cropper, Julius Fobil, Valentin Fuster, Michael Greenstone, Andy Haines, David Hanrahan, David Hunter, Mukesh Khare, Alan Krupnick, Bruce Lanphear, Bindu Lohani, Keith Martin, Karen V. Mathiasen, Maureen A. McTeer, Christopher J.L. Murray, Johanita D. Ndahimananjara, Frederica Perera, Janez Potocnik, Alexander S. Preker, Jairam Ramesh, Johan Rockstrom, Carlos Salinas, Leona D. Samson, Karti Sandilya, Peter D. Sly, Kirk R. Smith, Achim Steiner, Richard B. Stewart, William A. Suk, Onno C.P. van Schayck, Gautam N. Yadama, Kandeh Yumkella, and Ma Zhong, "The *Lancet* Commission on Pollution and Health," *Lancet* 391, no. 10119 (2018): 462–512.

[12] Ver Organización Panamericana de la Salud, *Sociedades Justas: Equidad en la Salud y Vida Digna. Informe de la Comisión de la Organización Panamericana de la Salud Sobre Equidad y Desigualdades en Salud en las Américas* (Washington, DC: Organización Panamericana de la Salud, 2019); Organização Pan-Americana da Saúde, *Sociedades Justas: Equidade em Saúde e Vida Com Dignidade. Relatório da Comissão da Organização Pan-Americana da Saúde Sobre Equidade e Desigualdades em Saúde nas Américas* (Washington, DC: Organização Pan-Americana da Saúde, 2019).

[13] Ver Daniel E. Dawes, *The Political Determinants of Health* (Baltimore, MD: Johns Hopkins University Press, 2020).

[14] Ver Francisco, *Fratelli Tutti*, nos. 113, 176-177, 239, 249; Juan Pablo II, *Centesimus Annus*, no. 48.

justicias se destaca cómo, en contextos clínicos, los temas de investigación son elegidos y financiados por sociedades prósperas privilegiadas, y las compañías farmacéuticas fijan el precio de los medicamentos para aumentar al máximo sus retornos económicos.

Cuando consideramos la educación,[15] debemos enfatizar la importancia de la educación para la salud y la formación de los diferentes profesionales de la salud. Junto con la necesidad de apoyar una educación de alta calidad en el Sur Global, debemos ser conscientes de que, en sus propios países, los profesionales de la salud no siempre reciben salarios justos que les permitan mantener a sus familias. Muchos se sienten obligados a emigrar a otros países con la esperanza de condiciones laborales más justas y mejores salarios, suficientes para mantener a sus seres queridos.

En términos teológicos, la conciencia crítica nos lleva a identificar y nombrar elementos pecaminosos que caracterizan nuestra realidad actual, enfocándonos en el pecado personal, así como en el pecado social y estructural.[16] Cualquier dinámica opresiva e injusta corrompe nuestra capacidad de ser ciudadanos y creyentes. Toda manipulación de la realidad con el propósito de desinformación, control y dominación partidistas es pecaminosa. El aparente e inoportuno triunfo de lo falso es abrumador.

Muchos ciudadanos prefieren centrarse en su propio compromiso y trabajo confiando en la retórica de trabajar duro, independiente de los otros. A nivel nacional, los impulsos populistas[17] y nacionalistas provocan desinterés por la creación de redes con otras naciones, con falta de curiosidad constructiva por lo que sucede en los países vecinos de la región, incluso cuando se comparte el idioma o cuando se puede aprender fácilmente el idioma de las naciones vecinas.

UN OBJETIVO AMBICIOSO

Ser consciente de la situación y de los desafíos a los que se enfrentan las personas no es suficiente. Es necesario identificar una meta, un fin a perseguir, un bien que beneficiará a todos y cada uno. La terrible experiencia común que experimentamos durante una pandemia

---

[15] Ver Gerard Beyer, "COVID-19 and Higher Education," *The First,* 1 June 2020, catholicethics.com/forum/covid-19-and-higher-education/.

[16] Ver Daniel K. Finn, "What Is a Sinful Social Structure?" *Theological Studies* 77, no. 1 (2016): 136–164, 10.1177/0040563915619981; Josef Fuchs, "Structures of Sin," in *Moral Demands and Personal Obligations* (Washington, DC: Georgetown University Press, 1993), 63–73; James F. Keenan, "Raising Expectations on Sin," *Theological Studies* 77, no. 1 (2016): 165–180, 10.1177/0040563915620466; Margaret Pfeil, "Doctrinal Implications of Magisterial Use of the Language of Social Sin," *Louvain Studies* 27 (2002): 132–152.

[17] Ver Francisco, *Fratelli Tutti,* nos. 37, 155–157, 159–161, 163.

mundial podría llevarnos a centrarnos en el bien común para todos.[18] El bien común no es una meta-narración impuesta por los que están en el poder y que nos dice lo que es bueno para quienes nos dominan. El bien común es inclusivo. Si realmente apuntamos a promover nuestro bien común, nadie debería ser excluido, marginado y considerado irrelevante.[19]

El bien común presupone nuestra humanidad común compartida.[20] En términos teológicos, somos creados a la imagen de Dios y, gracias a Jesús, somos ya salvados.[21] Con nuestra diversidad lingüística, étnica, religiosa y cultural, todos somos iguales y beneficiados por el amor de Dios. No debemos dudar de que todos somos creados a la imagen de Dios, con la capacidad de actuar de manera que pueda manifestar nuestra dignidad y bondad. Las relaciones y responsabilidades privilegiadas, por ejemplo, hacia la propia familia, no se descartan. Estas relaciones privilegiadas pasan a formar parte de las formas en que la búsqueda del bien común debe estar atenta a la existencia de contextos, relaciones y responsabilidades. Si el bien común es verdaderamente inclusivo, entonces perseguirlo debe permitir estar atento a las diversas y múltiples relaciones que caracterizan la vida social y eclesial.

Buscar el bien común es un desafío. Requiere el esfuerzo continuo de definir lo que es bueno en la situación actual que enfrentamos para todos los involucrados, y esforzarse por lograrlo. Por ejemplo, varias intervenciones concretas a nivel económico son necesarias y pueden ser proféticas.[22]

---

[18] Ver María Verónica Anguita Mackay, "Dilema de la Última Cama o Búsqueda del Bien Común," *La Tercera,* 9 junio 2020, www.latercera.com/opinion/noticia/dilema-de-la-ultima-cama-o-busqueda-del-bien-co-mun/HBBB7NXLMJCH3JI7E45NVGC4R4/; Claudia Leal Luna, "¿Qué Posibilidades Tenemos, como Latinoamericanos, de Convertir la Pandemia in una Oportunidad?" *The First,* 1 septiembre 2020, catholicethics.com/forum/que-posibilidades-tenemos/.

[19] Ver Andrea Vicini, "El Bien Común," *Theologica Latinoamericana: Enciclopédia Digital* (2018), theologicalatinoamericana.com/?p=1674; Andrea Vicini, ""O Bem Comum," *Theologica Latinoamericana: Enciclopédia Digital,* 2017, theologicalatinoamericana.com/?p=1451.

[20] Ver David Hollenbach, *The Common Good and Christian Ethics,* ed. Robin Gill, New Studies in Christian Ethics (Cambridge, UK; New York: Cambridge University Press, 2002); Kevin Ahern, Meghan J. Clark, Kristin E. Heyer, and Laurie Johnston, eds., *Public Theology and the Global Common Good: The Contribution of David Hollenbach, SJ* (Maryknoll, NY: Orbis Books, 2016).

[21] Ver Jutta Battenberg, "Salvación en Tiempos de Pandemia," *The First,* 1 julio 2020, catholicethics.com/forum/salvacion-en-tiempos/.

[22] Ver Elio Gasda, "Renta Básica Universal: No Te Olvides de los Pobres (Gal 2,10)," *The First,* 1 junio 2020, catholicethics.com/forum/renta-basica-universal/; Emilce Cuda de Dunbar, "Bien Común, Después de *Laudato Si',* Se Dice: Tierra-Techo-Trabajo Universal," *The First,* 1 julio 2020, catholicethics.com/forum/bien-comun/;

La salud es un bien precioso para los individuos, las comunidades, los países y el mundo entero.[23] En el caso de la salud, para lograr el bien común es necesario identificar qué pasos concretos y reformas específicas son necesarias y cómo estos pasos se pueden implementar de manera realista.[24]

Para ser verdaderamente común, definir y perseguir el bien común requiere el compromiso de todos los agentes sociales y, en particular, de los individuos, grupos e instituciones. Por supuesto, las instituciones sociales y políticas tienen una mayor responsabilidad y la rendición de cuentas es necesaria.

UN MÉTODO EXIGENTE

Una mayor concienciación centrada en el bien común como objetivo que pretendemos perseguir requiere un método adecuado que facilite la consecución del fin marcado y que sea fiel a lo que pretendemos. Algunos elementos caracterizan tal método.

En primer lugar, el bien común es inclusivo y tiene como objetivo involucrar a todos los agentes morales. Por tanto, el compromiso de todos los agentes morales debería ser posible y facilitado. Tal empoderamiento presupone la capacidad de escuchar y aprender de todos, particularmente de aquellos que generalmente no son considerados dignos de ser participantes iguales y son excluidos.[25]

La escucha auténtica de los demás y la voluntad de aprender de los otros presuponen igualdad y reciprocidad. Sin embargo, la igualdad y la reciprocidad no son un hecho y abundan sus violaciones. Por tanto, es necesario abordar los desequilibrios de poder que inhiben el diálogo y que dañan a los agentes morales y la misma agencia moral. Un esfuerzo consciente debe permitirnos escuchar las voces, historias,

---

Catholic Agency for Overseas Development (CAFOD), "Christian Leaders Urge IMF and World Bank to Cancel Debts for Developing Countries," 12 octubre 2020, cafod.org.uk/News/Campaigning-news/Christian-leaders-debt-letter; Coopération Internationale pour le Développement et la Solidarité (CISDE), "Christian Leaders Urge IMF and World Bank to Cancel Debts for Developing Countries," 14 octubre 2020, www.cidse.org/2020/10/14/christian-leaders-urge-imf-and-world-bank-to-cancel-debts-for-developing-countries/; Kate Ward, "Does Catholic Social Teaching Support a Universal Basic Income? According to Catholic Social Thought, Every Human Has the Right to Attain Their Basic Needs," *US Catholic,* 13 abril 2020, uscatholic.org/articles/202004/does-catholic-social-teaching-support-a-universal-basic-income/.

[23] Ver Lisa Sowle Cahill, ""The Global Common Good in the Twenty-First Century," in *Moral Theology: New Directions and Fundamental Issues: Festschrift for James P. Hanigan,* ed. James Keating (New York: Paulist Press, 2004), 233–251.

[24] Ver Lisa Sowle Cahill, "Global Health and Catholic Social Commitment," *Health Progress* 80, no. 3 (2007): 55–57.

[25] Ver Lisa Sowle Cahill, "Bioethics, Relationships, and Participation in the Common Good," in *Health and Human Flourishing: Religion, Medicine, and Moral Anthropology,* ed. Carol Taylor and Roberto Dell'Oro (Washington, DC: Georgetown University Press, 2006), 207–222.

vivencias y necesidades de quienes han sido silenciados: niños, mujeres, personas con discapacidad, ancianos, enfermos, minorías y poblaciones indígenas.[26]

La verdadera escucha exige la capacidad de reflexionar críticamente sobre lo que viven los demás, pero, al mismo tiempo, implica dejarnos tocar por la belleza, la tragedia y la esperanza que llenan y dan forma a la vida de las personas. Además, los oyentes escuchan los anhelos de justicia del pueblo, se comprometen a abordarlos y reflexionan críticamente sobre lo que se ha hecho para promover el bien común y sobre lo que queda por hacer.[27]

En segundo lugar, escuchar y aprender en un contexto de igualdad y reciprocidad permite un diálogo auténtico que fomenta la transformación social y facilita la búsqueda de posibles puntos de acción comunes.

En tercer lugar, la participación en el exigente esfuerzo de promover la salud de manera justa es el paso adicional que se nutre del diálogo comprometido.[28] La participación se opone a la tentación barata de creer que no hay nada que se pueda hacer y que lo único que queda es quedarnos en la ventana contemplando cómo las cosas se desenredan y están condenadas. El desánimo, la desesperación, la decepción y la frustración pueden acompañar a cualquier compromiso moral para promover el bien común, pero podemos identificarlos, nombrarlos y abordarlos. El lamento y la rabia son reacciones emocionales positivas que pueden informar nuestra participación y acción. Muchos precedentes bíblicos dan testimonio de la importancia tanto del lamento como de la rabia. Algunos estudios recientes en ética teológica están apreciando y afirmando el importante papel que tanto el

---

[26] Ver Anne Nasimiyu-Wasike, "The Missing Voices of Women," in *Catholic Theological Ethics, Past, Present, and Future: The Trento Conference*, ed. James F. Keenan (Maryknoll, NY: Orbis Books, 2012), 107–115.

[27] Ver Alexandre A. Martins, *The Cry of the Poor: Liberation Ethics and Justice in Health Care* (Lanham, MD: Lexington Books, 2019); Alexandre A. Martins, *COVID-19, Política e Fé: Bioética em Diálogo Na Realidade Enlouquecida* (São Paulo: Gênio Criador Editora, 2020).

[28] Ver Lisa Sowle Cahill, *Theological Bioethics: Participation, Justice, and Change*, ed. James F. Keenan, Moral Traditions Series (Washington, DC: Georgetown University Press, 2005).

lamento[29] como la ira[30] pueden jugar en el caso de los agentes morales y en la formación de la agencia moral.

En cuarto lugar, la participación debería conducir a la colaboración en esfuerzos compartidos.[31] Sin embargo, la colaboración es exigente y presupone la convicción de que lo que se logra con los demás nos empodera más para lograr el objetivo de promover el bien común en la sociedad. Además, la colaboración requiere igualdad entre los participantes que colaboran para abordar cualquier desequilibrio de poder que pueda obstaculizar la colaboración exitosa.

Conclusión

Las contribuciones en este volumen especial de la revista *Journal of Moral Theology* son un ejemplo de una conciencia crítica comprometida y de apuntar al ambicioso objetivo de promover el bien común en la región latinoamericana de manera que fortalezca la participación y colaboración en los diversos contextos sociales y eclesiales de la región.

Espero que lo que los autores latinoamericanos han compartido en sus artículos pueda inspirar a los colegas en ética teológica en otras regiones del mundo: de África a Asia, de Oceanía a Europa y a América del Norte. En todo el planeta, mientras fomentamos nuestra conciencia social y eclesial y buscamos promover el bien común, nos comprometemos a participar y colaborar para realizar juntos el bien común.

ANDREA VICINI, SJ (MD, PhD, STD) es Michael P. Walsh profesor de bioética y profesor de teología moral en el Departamento de Teología del Boston College. Publicaciones recientes incluyen: el volumen coeditado *Reimagining the Moral Life: On Lisa Sowle Cahill's Contributions to Christian Ethics* (Maryknoll, NY: Orbis Books, 2020), "Artificial Intelligence in Healthcare: Bioethical Challenges and Approaches," *Asian Horizons: Dharmaram Journal of Theology* 14 (2020): 615–627, y "Preserving the Earth and

---

[29] Ver Bryan Massingale, "The Systemic Erasure of the Black/Dark Skinned Body in Catholic Ethics," in *Catholic Theological Ethics, Past, Present, and Future: The Trento Conference*, ed. James F. Keenan, *Catholic Theological Ethics in the World Church* (Maryknoll, NY: Orbis Books, 2012), 116–124, at 121–122; Bryan N. Massingale, *Racial Justice and the Catholic Church* (Maryknoll, NY: Orbis Books, 2010), 105–114.

[30] Ver Martha C. Nussbaum, *Anger and Forgiveness: Resentment, Generosity, Justice* (New York: Oxford University Press, 2016); Martha C. Nussbaum, *The Monarchy of Fear: A Philosopher Looks at Our Political Crisis* (New York: Simon & Schuster, 2018); Michael P. Jaycox, "The Civic Virtues of Social Anger: A Critically Reconstructed Normative Ethic for Public Life," *Journal of the Society of Christian Ethics* 36, no. 1 (2016): 123–143; Michael P. Jaycox, "Nussbaum, Anger, and Racial Justice: On the Epistemological and Eschatological Limitations of White Liberalism," *Political Theology* 21, no. 5 (2020): 415–433.

[31] Ver Maura A. Ryan, "Beyond a Western Bioethics?" *Theological Studies* 65, no. 1 (2004): 158–177.

Promoting Health: Challenges for the Common Good," *Studia Moralia* 58 (2020) 97–120.

INTERN

Tyler Bussard, C'22 Mount St. Mary's University, is from Clear Spring, Maryland. He is majoring in Forensic Accounting, Accounting, and Spanish with minors in Theology and Economics.

Articles available to view
or download at:

https:// https://jmt.scholasticahq.com/

The

Journal of Moral Theology

is proudly sponsored by

The College of Liberal Arts
at
Mount St. Mary's University

www.ingramcontent.com/pod-product-compliance
Lightning Source LLC
Chambersburg PA
CBHW050841160426
43192CB00011B/2113